科学就是这么逗

地球神秘事件

土豆逗
严肃科普

一园青菜
著/绘

中信出版集团 | 北京

图书在版编目（CIP）数据

科学就是这么逗. 地球神秘事件 / 一园青菜著绘. -- 北京 : 中信出版社, 2022.11（2025.6重印）
ISBN 978-7-5217-4594-8

Ⅰ. ①科… Ⅱ. ①一… Ⅲ. ①科学知识—儿童读物 ②地球—儿童读物 Ⅳ. ①Z228.1 ②P183-49

中国版本图书馆CIP数据核字(2022)第136801号

科学就是这么逗·地球神秘事件

著 绘 者：一园青菜
出版发行：中信出版集团股份有限公司
（北京市朝阳区东三环北路27号嘉铭中心　邮编 100020）
承 印 者：北京尚唐印刷包装有限公司

开　　本：720mm×970mm　1/16		印　张：9		字　数：120千字	
版　　次：2022年11月第1版		印　次：2025年6月第10次印刷			

审 图 号：GS京（2022）0587号
书　　号：ISBN 978-7-5217-4594-8
定　　价：39.00元

出　　品：中信儿童书店
图书策划：神奇时光
总 策 划：韩慧琴　　策划编辑：李苑苑　　责任编辑：李银慧　　营销编辑：孙雨露　张琛　胡宇泊
封面设计：李然　　　版式设计：李亚熙　　内文排版：李艳芝　　封面插画：黄梦缘

版权所有·侵权必究
如有印刷、装订问题，本公司负责调换。
服务热线：400-600-8099
投稿邮箱：author@citicpub.com

前言

想要介绍一个朋友给你,这本书的主角——好奇心永动机——土豆逗。

土豆逗很会问问题。面对那些令人好奇的现象,他永远都在问"为什么",就好像他是一个什么都不懂的家伙。但他清楚地知道自己想要什么,那是关于冒险、关于探索、关于宇宙和关于未来的。跟他在一起,你每天都在面对有趣的未知。

土豆逗一直走在好奇的路上。我们在科隆群岛、非洲腹地、南极大陆,甚至在地球深处见过他,也在大脑皮层、皮肤下、肠道里见过他。有时候他会乘着热气球追踪企鹅便便的痕迹,在会发光的大海里泡澡,跑到海底去看火山长大,有时候他会在皮肤上看伤口愈合的过程,还会去耳道里尝尝耳屎的味道。跟他在一起,你每天都在世界的各个角落探险和闯荡,会发现世界原来这么大,科学原来这么有趣。

土豆逗特别相信自己,这一点很重要。就像科学家们总都在怀疑一切,但他们也相信自己一样。相信自己的疑惑,并用自己的行动去验证它。

土豆逗在哪儿呢?他无处不在。他可能藏在森林里的一块石头下面挖蚂蚁洞,可能藏在枕头套的缝隙里跟螨虫大战。不过,目前土豆逗正在离你最近的地方——这本书里。瞧,他在书里的每一页神出鬼没,忙个不停,那是因为他有太多想要告诉你的秘密,也有太多想要跟你一起探索的事情。

他都这么急不可耐了,要不,这就开始吧?

一园青菜

写给所有充满好奇心的孩子!

目录

本册主要角色 ········· 2

红色"死亡之湖"里有生物吗？········· 4

南极粉粉冰，有味道的美景 ········· 22

科隆群岛，企鹅住在赤道上？········· 38

海底火山为什么会喷宝石？········· 56

荧光海滩，大海发光的秘密 ········· 72

地球上的神秘大洞从哪里来？········· 88

"魔鬼城"真的有魔鬼吗？········· 102

科拉超深钻孔，地球会被钻穿吗？········· 120

本册主要角色

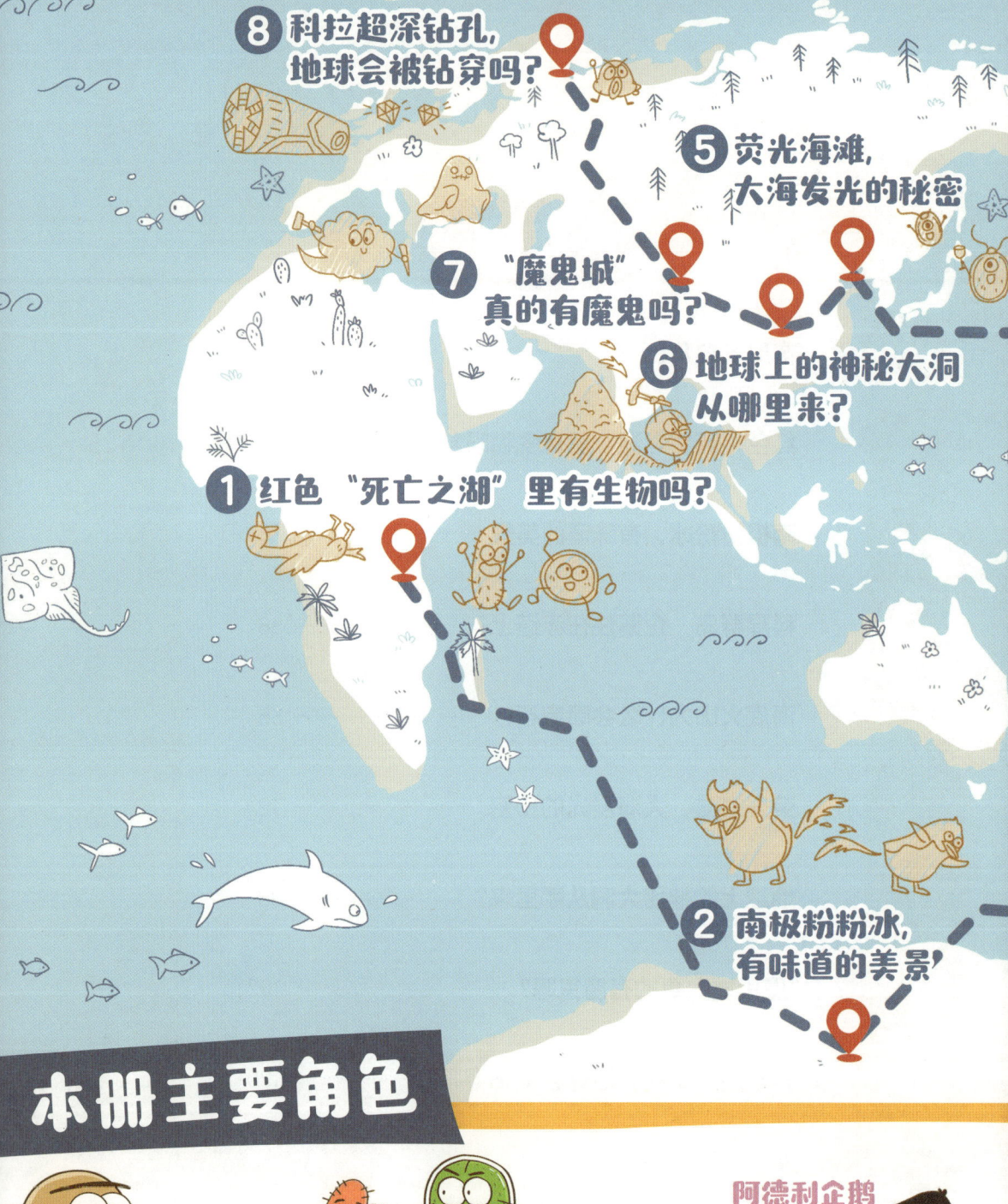

8 科拉超深钻孔，地球会被钻穿吗？

5 荧光海滩，大海发光的秘密

7 "魔鬼城"真的有魔鬼吗？

6 地球上的神秘大洞从哪里来？

1 红色"死亡之湖"里有生物吗？

2 南极粉粉冰，有味道的美景

土豆逗
自称"土豆的远房亲戚"，热爱探险却常常有勇无谋，拥有无法自控的好奇心和稀奇古怪的发明，永远喜欢问"为什么"。

嗜盐古菌
嗜盐古菌：一种在地球上生活了几十亿年的古老微生物，红色湖水的缔造者之一。

蓝细菌
蓝细菌：泡在水里时是蓝绿色，太阳晒多了就会变成红色。

阿德利企鹅
一种体形中等的企鹅，喜欢吃磷虾，能拉粉红色便便。

4 海底火山为什么会喷宝石？

3 科隆群岛，企鹅住在赤道上？

加拉帕戈斯企鹅
唯一一种生活在赤道附近的企鹅，体形较小。

鞭毛藻
肉眼几乎看不见的微生物，能发出荧光，繁殖力强。

魔鬼城的建筑师兼音响师，喜欢成群结队，跑得快、力气大、声音多变。

红色"死亡之湖"里有生物吗?

呼……

好热！

好渴！

红色的湖水，是血吗？

如此安静，连一只鸟都没有……湖边连一棵水草也不长！

这到底是什么鬼地方啊！

纳特龙湖原来是你！

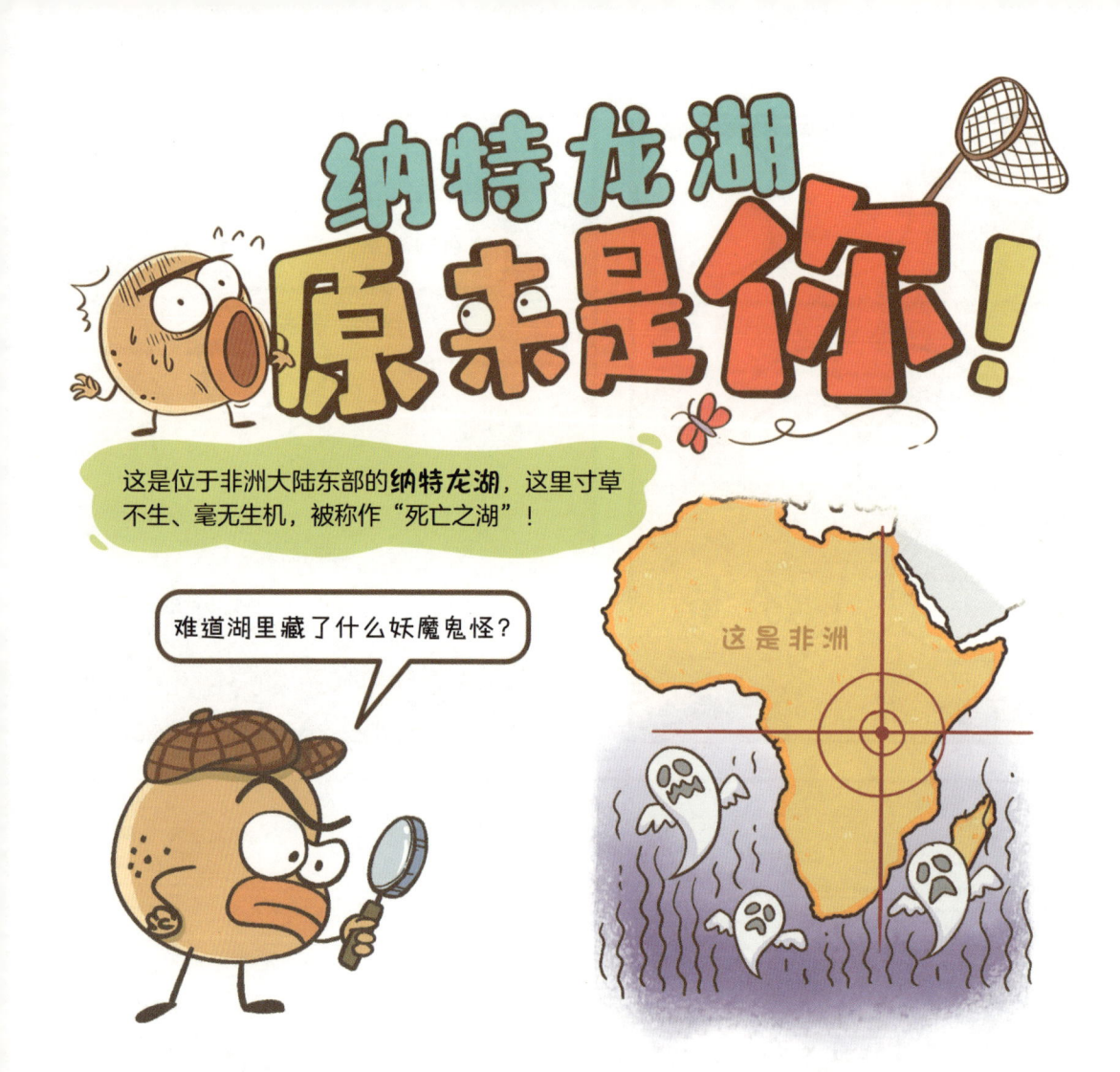

这是位于非洲大陆东部的**纳特龙湖**，这里寸草不生、毫无生机，被称作"死亡之湖"！

难道湖里藏了什么妖魔鬼怪？

这是非洲

纳特龙湖的颜色并不是一成不变的。雨季，它是蓝绿色或者白色的；旱季，湖水又慢慢变成了红色。

秘密就在湖水里！这里的湖水有**三大特点**：

1.红色

红色的湖水，看起来就好可怕！

别怕，我们就是这片红色湖水的缔造者之一！

嗜盐古菌

一种在地球上生活了几十亿年的古老微生物。

这里是东非，没有分明的四季，一年之中有雨季和旱季。雨季来临时，湖水上涨。嗜盐古菌减少繁殖，数量被稀释，湖水看起来是蓝绿色。
我讨厌下雨，我讨厌涨水。
伙计们，撤！
旱季时，湖水蒸发、变浅。嗜盐古菌大量繁殖，湖水开始变红。
伙计们，咱们的好日子来啦！

你们为什么是红色的？
类胡萝卜素
我们有类胡萝卜素，就像染色剂一样，能把湖水变红！
类胡萝卜素是一种天然色素，它能让生物呈现红色或橙红色，比如胡萝卜、西红柿、草莓，等等。

嘿，可别独自贪功！把湖水变红，我们蓝细菌也有功劳。
蓝细菌
嘻嘻嘻
嘻嘻
你们？你们明明是蓝绿色的呀！
没错，我们是蓝绿色的。雨季时湖水变多，我们泡在水里保持本色。
旱季时，我们天天都晒日光浴，晒出了虾青素，我们就变成了红色！
虾青素
虾青素也是类胡萝卜素的一种，呈现紫红色，螃蟹和虾身上就有许多虾青素。
原来如此，是嗜盐古菌和蓝细菌一起把湖水变红的。

2.滚烫
这么说，我可不怕了。
湖水就在眼前，
洗澡刚刚好！
扑通！
纳特龙湖不能游泳，这里的湖水很烫！
60℃
哇啊啊啊啊！
烫死我啦！

伦盖伊火山
纳特龙湖旁边有一座活跃的活火山。
怎么这么烫？
砰！
伦盖伊火山时不时就会喷发，滚烫的熔岩和附近的地下温泉水流进湖中，让湖水温度常年保持在 60℃左右。
60℃的水有多烫？
洗手的水温是 26℃
26℃
40℃
洗澡的水温是 40℃
如果，喝一口 60℃的水……
60℃
呀，烫嘴！

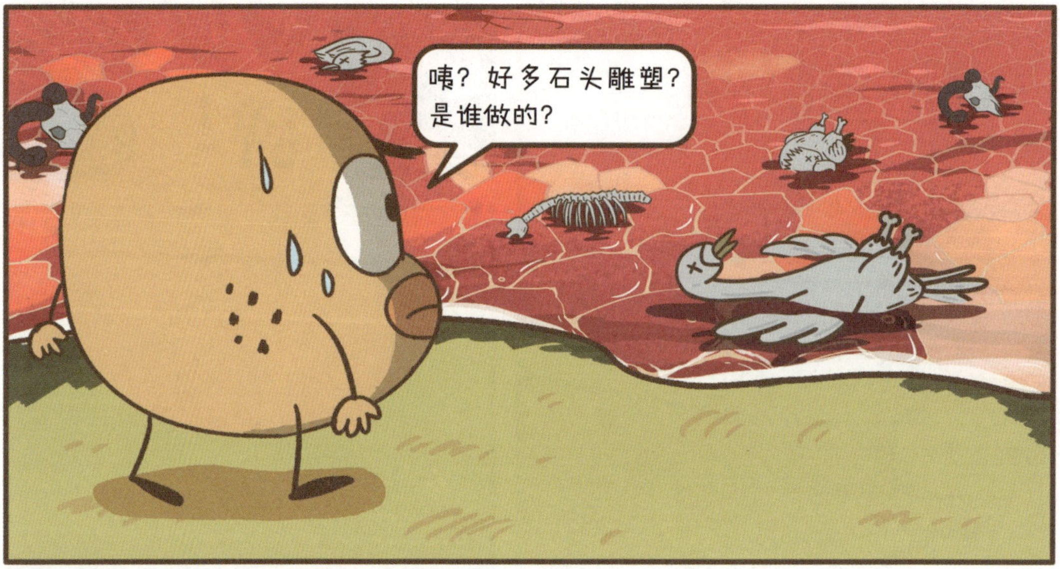
咦？好多石头雕塑？
是谁做的？

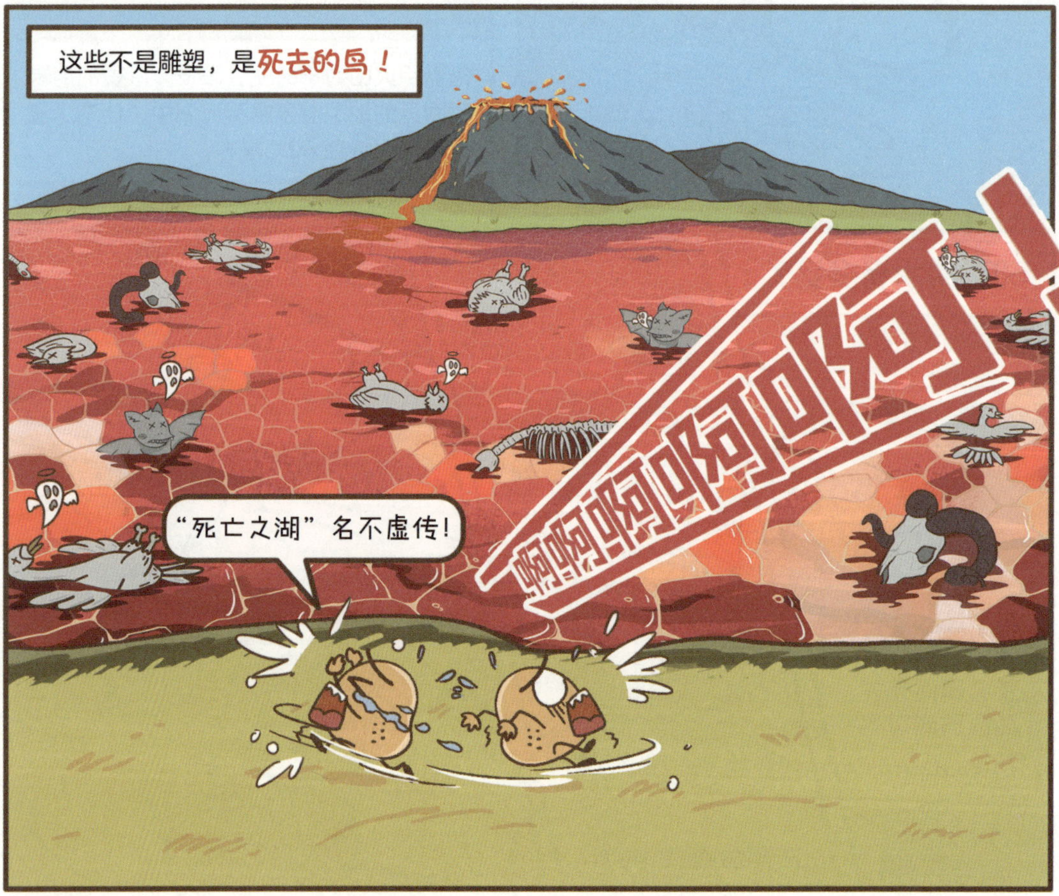
这些不是雕塑，是死去的鸟！
“死亡之湖”名不虚传！
啊啊啊啊啊啊！

3.鸟之墓园

它们是被湖水烫死的吗？又怎么会变成石头呢？

鸟儿不会游泳，为什么会往湖心飞呢？

这些鸟儿也曾在天空自由飞翔，可一旦落入湖水中，就会瞬间死去，保留了生前最后的姿态，变成了硬邦邦的石头。

石头鸟儿你从哪里来？

湖面一般都是蓝色的，而纳特龙湖在旱季时是红色的，湖面上铺满了像圆圈一样的纹路。从天空中看，就好像是一片岩石一样。

鸟儿误认为这里是陆地，想下来歇歇脚。不料，扑通一声掉进了湖中。

挣扎 挣扎

快点飞出水面逃走呀！

一旦掉入湖中，它们就再也飞不起来了。从这一刻起，它们已经开始"石化"了。

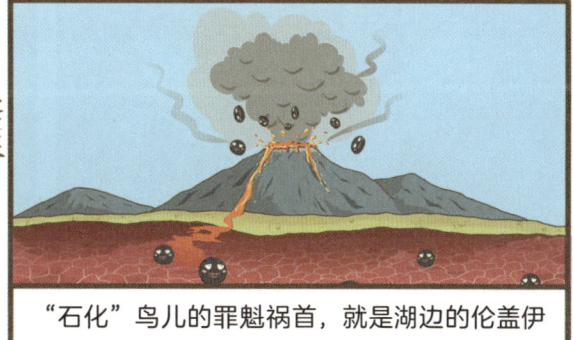

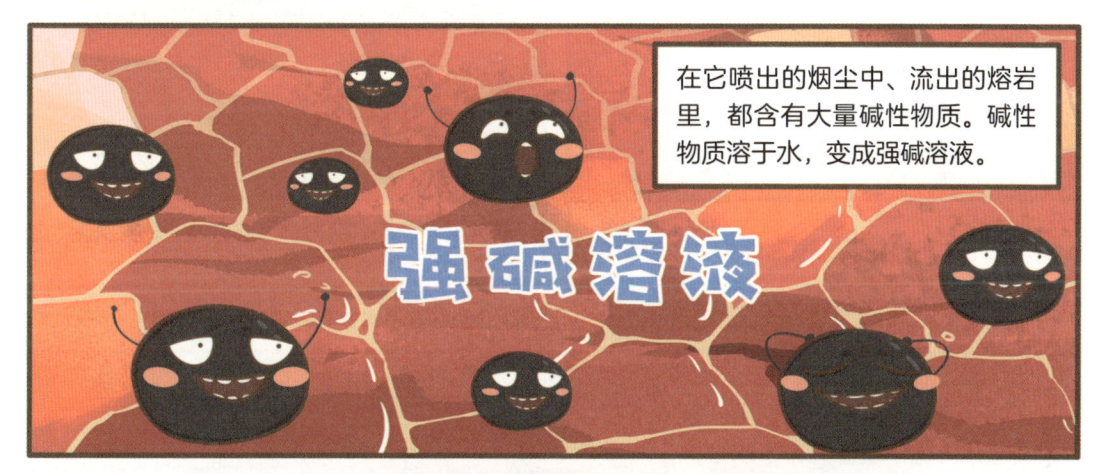

湖水里到底含有什么？太可怕了！

"石化"鸟儿的罪魁祸首，就是湖边的伦盖伊活火山！

在它喷出的烟尘中、流出的熔岩里，都含有大量碱性物质。碱性物质溶于水，变成强碱溶液。

强碱溶液

简单来说，就像腌咸菜的水一样。

鸟儿掉入湖中后，并不是立刻死亡的。湖水碱性极强，鸟儿的眼睛很快会被灼伤。

紧接着，羽毛、皮肤被强碱溶液一层层包裹，就像糊上了水泥，渐渐僵硬。

鸟儿在水中不能呼吸，渐渐地失去了生命。

纳特龙湖的湖水盐分多、浮力大，鸟儿死后，会浮上水面，或搁浅在岸边。

强碱溶液同时具有防腐作用，因此鸟儿的身体慢慢失去了水分，变成了干尸，不易腐烂。

好可怜！

这里竟然有火烈鸟！

红色的羽毛好鲜艳！

红色？
红色……

我知道了，是类胡萝卜素或者虾青素！

火烈鸟的羽毛为什么是红色的？

火烈鸟喜欢吃湖中的蓝细菌，身体里积攒了大量的虾青素，使原本洁白的羽毛也透射出鲜艳的红色。

等等，这里是"死亡之湖"，可是火烈鸟为什么能在这里生存？

不服

火烈鸟生存三大宝

2. 过滤嘴
嘴巴能够过滤，轻松吃菌类。

1. 护腿鳞
腿上密实排列的鳞片，防烫、防碱化。

3. 铁胃
强健的胃，能消化蓝细菌里的毒素。

土豆逗嘻哈剧场

你知道红色湖水是 嗜盐古菌 和 蓝细菌 一起染的吗？

纳特龙湖，是"死亡之湖"，红又烫。

你知道湖中的 石头鸟儿 是 强碱溶液 泡成的吗？

只有 火烈鸟，身上有 三大宝 悠闲自在湖中泡。

脑洞轰炸！

如果把这些石头鸟儿都缠上白布条，会得到什么？

没错，你将得到和我一样的——木乃伊！

埃及木乃伊的制作方法

古代埃及木乃伊的制作方法，和这些石头鸟儿的产生过程相似，都是把尸体泡在强碱溶液里。

脱水、杀死微生物，尸体就不易腐烂。

最后缠上厚厚的白布条。木乃伊制成！

所以，纳特龙湖原来是鸟儿的**木乃伊工厂**！

南极粉粉冰，有味道的美景

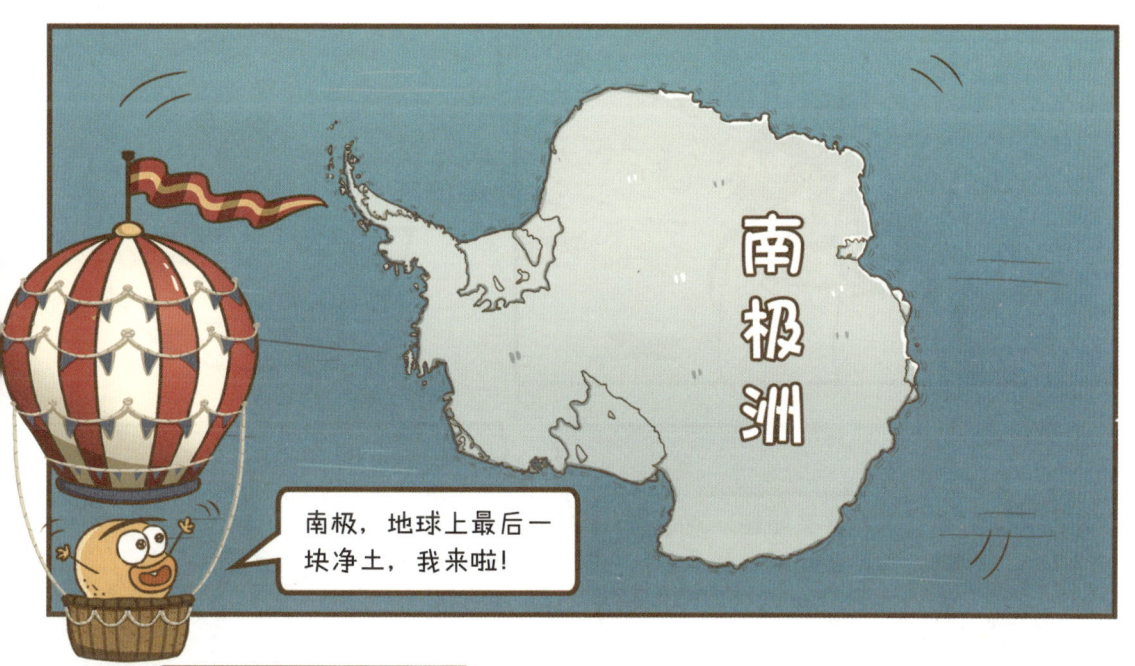

南极洲

南极,地球上最后一块净土,我来啦!

咦?南极的冰面不应该是白的吗?怎么看上去粉红粉红的?

好漂亮!梦幻南极!

嗨,可爱的小企鹅,你们知道这些美丽的颜色是谁画的吗?

是我们、是我们!

啊,这什么味道?好臭啊!咳、咳……

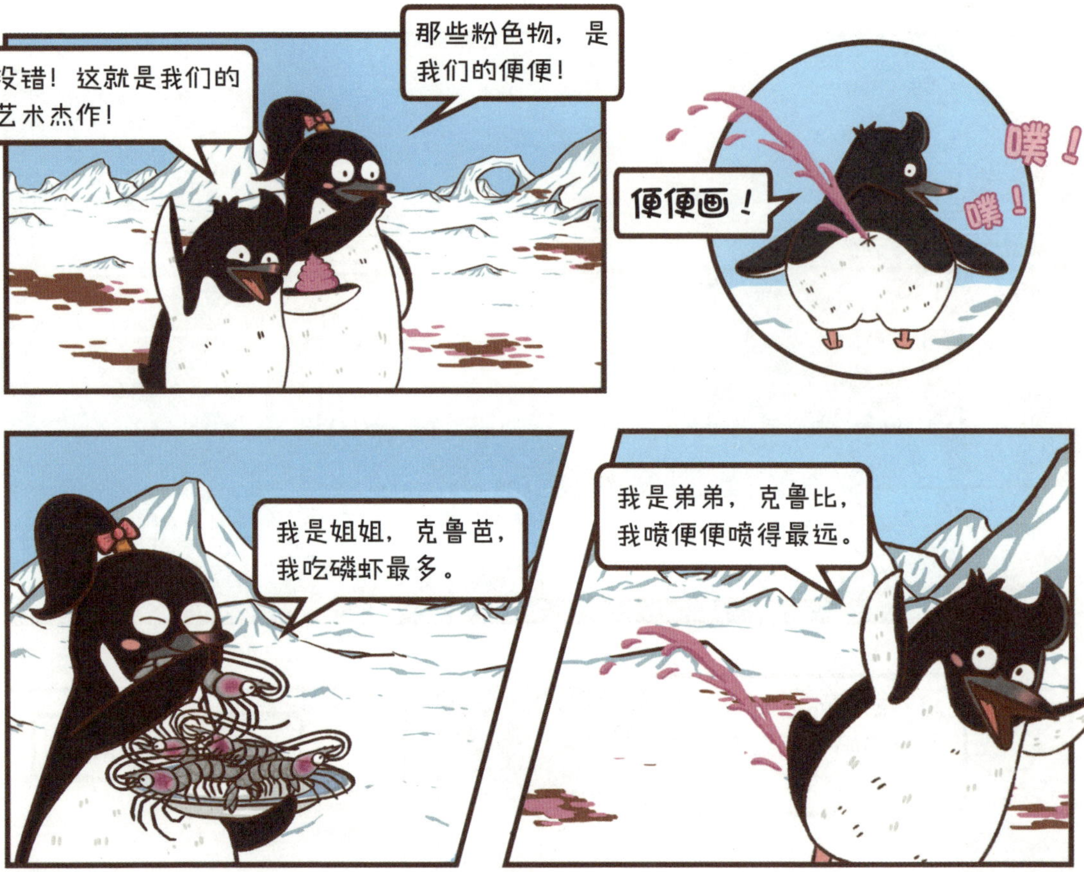

阿德利企鹅是企鹅家族中体形较小的成员，它们主要生活在南极及其附近的岛屿上。冬天在浮冰或冰山上活动，春天就返回陆地上筑巢繁殖。

这片粉色点染的雪地，
是不是特别壮观？
也有我的一份力！
还有我！
还有我！

你们是说，这些粉色的“颜料”都是企鹅的便便？可是便便为什么会是粉色的呢？

粉色便便原来是你！

要不要一起来？

等一等，你们还没告诉我为什么便便是粉色的。

粉色的便便，和企鹅的食物有关系。

是因为……磷虾？

磷虾富含虾青素。
虾青素
哇！我这是在做梦吧？
我想起来了，在纳特龙湖栖息的火烈鸟体内也有很多虾青素。
我明白了，企鹅拉什么颜色的便便，完全取决于吃了什么。
吃含有虾青素的磷虾，就会拉出粉色的便便。吃不含虾青素的普通小鱼，就会拉出灰白色的便便。
今天的早餐是美味的磷虾，所以，今天我会有粉色的便便。

今天的便便画是我喷得最远最多的一次!

为什么你的便便能喷那么远?

当企鹅排便的时候,肠道内的压力是人类的四倍。它们撅起屁股,身体微微前倾,便便就能喷射到 30 ~ 40 厘米远。这个原理嘛,就像水枪一样。

为什么要喷这么远?

喷得远,不会弄脏羽毛,也不用擦屁股。

克鲁比!
我要去告诉妈妈!今晚你别想吃饭了!

企鹅便便虽然闻起来臭,但是却有**三大妙用**!

便便妙用——企鹅普查

不仅从热气球上能看到南极大陆上的粉色企鹅便便，连卫星图上都能看到企鹅便便的痕迹。

壮观的企鹅便便画！

没错，我们在卫星图上发现南极冰面上有一些奇怪的粉红色。

在地面上，这些颜色附近相应的地区，总会出现成群企鹅的踪迹。

这得多少只企鹅,才能拉出这么多便便呀?

A ≈ 100 只
B ≈ 500 只
C ≈ 800 只

根据颜色的面积大小,我们能够推算出附近企鹅的数量。

所以,这些企鹅粪便,是我们研究企鹅种群和栖息地的重要依据。

2018 年,我们就用卫星图追踪企鹅便便的方法,在南极一个角落的小岛屿上发现了大约 150 万只阿德利企鹅。

在这之前,还从来没有人在这片岛屿上发现过阿德利企鹅。

便便妙用二
融化冰雪当"产房"

南极终年冰雪覆盖，如果把蛋直接产在冰面上，温度过低，蛋很快就会被冻住，小企鹅孵不出来。

于是，阿德利企鹅在产卵之前，先收集小石子围成小"产房"。

再用热乎乎的企鹅便便，快速融化冰雪。

虽然气味不太好，但总算是个安全、温暖的"产房"了。

没错，我弟弟就是在这种臭烘烘的环境里出生，我亲眼看见的！

你出生时不也一样？！

便便妙用三
极地生物的美食

企鹅便便里含有丰富的氮、磷、钾等营养元素，是珍贵的天然肥料。

天然肥料

它滋养着周围的土壤和海洋中数百万的无脊椎动物。

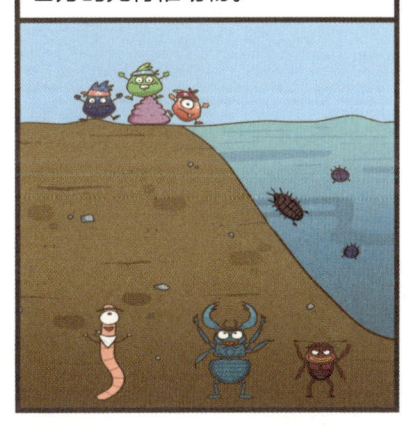

据科学家调查统计，南极企鹅群栖息地附近的土壤往往会变得更加肥沃，里面生活着的微生物总量，远远超过其他没有企鹅的地区。

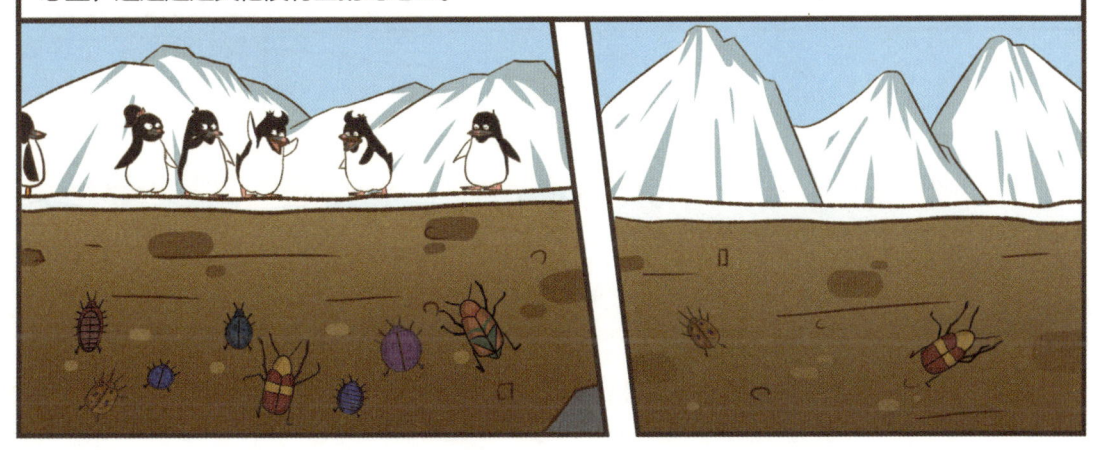

有企鹅的地方，就是天堂！吃得饱，住得暖！天天快乐似神仙！

企鹅的粉红便便有这么多妙用，我觉得嘛，臭一点，也是可以忍受的。
哈哈哈哈哈……
噗！
噗！

粉红便便妙用这么多，臭一点也没关系！
企鹅便便的妙用
1.根据“ ”面积，推算企鹅数量。
2.“ ”融化雪地，营造温暖“产房”。
3.“ ”的营养元素，滋养微生物。

土豆逗嘻哈剧场

白色的南极冰原，粉红一片一片，企鹅们日积月累拉出便便画！

营造温暖"产房"，天然肥料顶呱呱！

粉红便便，用处很大，追踪企鹅。

脑洞轰炸！
企鹅便便？便便企鹅？

企鹅们整天这么喷来喷去，那每一只企鹅，岂不都是……

停！土豆逗，不是这样的！

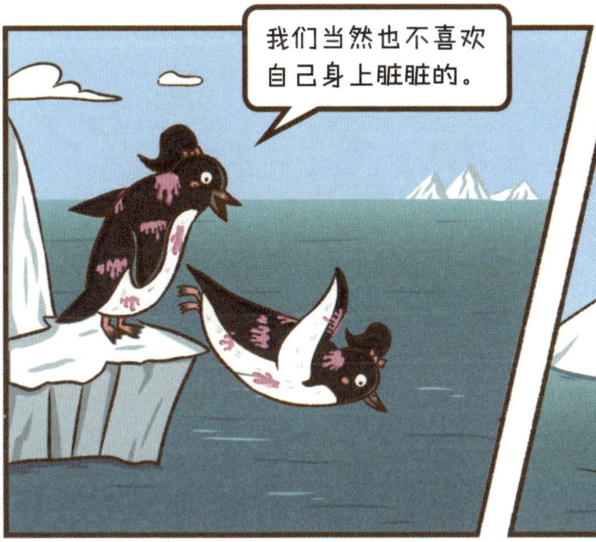
我们当然也不喜欢
自己身上脏脏的。

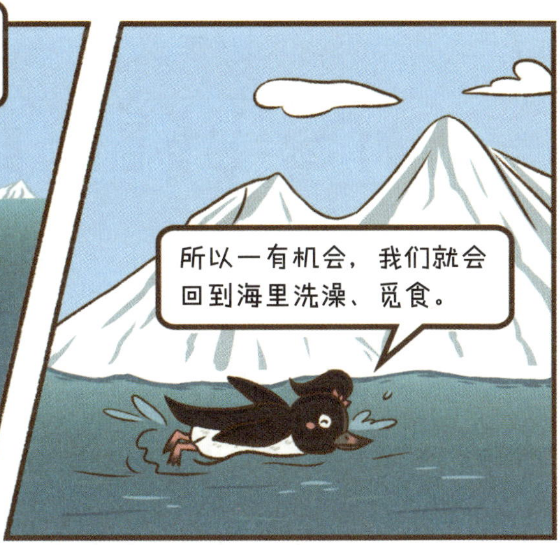
所以一有机会，我们就会
回到海里洗澡、觅食。

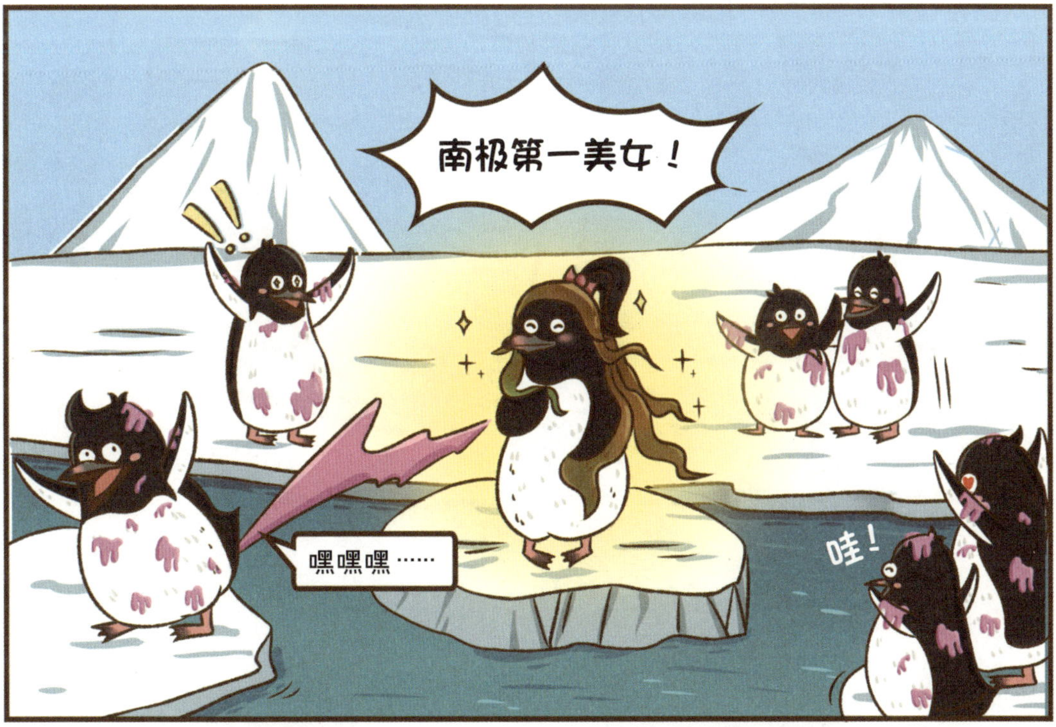
南极第一美女！
嘿嘿嘿……
哇！

科隆群岛，企鹅住在赤道上？

有一只企鹅！
!!
咦？冰呢？
你在找什么冰！
你们企鹅不是住在南极吗？南极怎么会没有冰？
这里不是南极！
这是赤道附近的
科隆群岛！

科隆群岛在这里！
赤道
26℃
科隆群岛？
赤道？！

地球上最热的赤道附近竟然有企鹅？
企鹅不是生活在最冷的地方吗？
企鹅在这里不会被热死吗？

科隆群岛原来是你！

600万年前，海底火山不断喷发，熔岩层层堆积，慢慢就形成了这些岛屿。

600万年前

现在

约500年前，西班牙人发现了这座无人荒岛，岛上有许多巨大的龟，于是给这座岛取名为"加拉帕戈斯"，意思是"巨龟之岛"。

这个名字不太好记！还是叫科隆群岛吧！

没错，它用了我的名字！

加拉帕戈斯象龟是世界上最大的龟之一，也是世界上寿命非常长的动物，能活到约 200 岁。

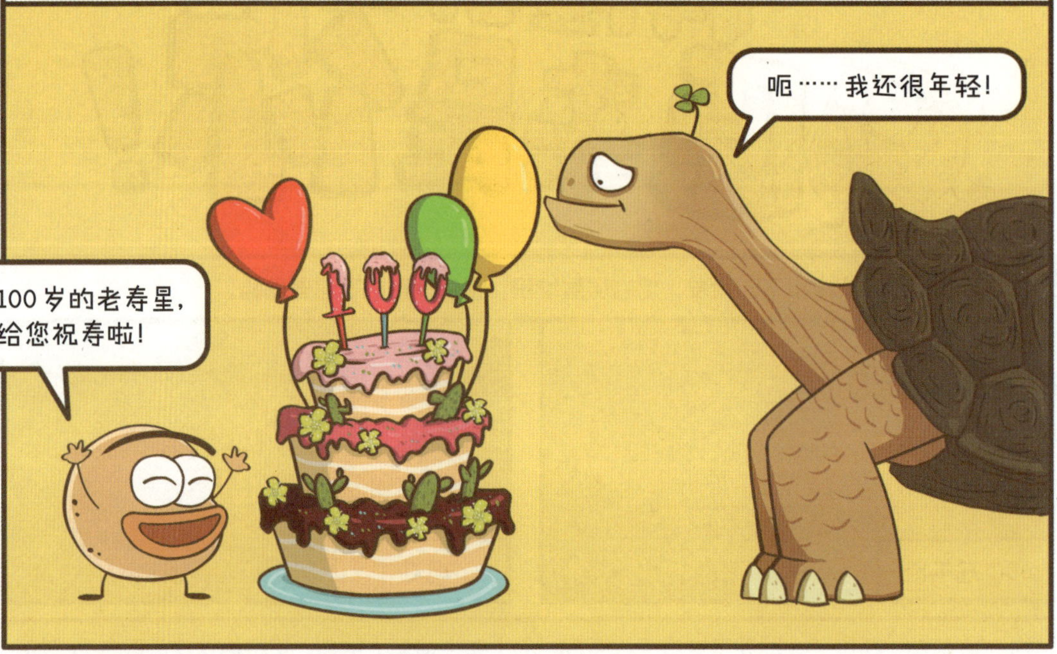

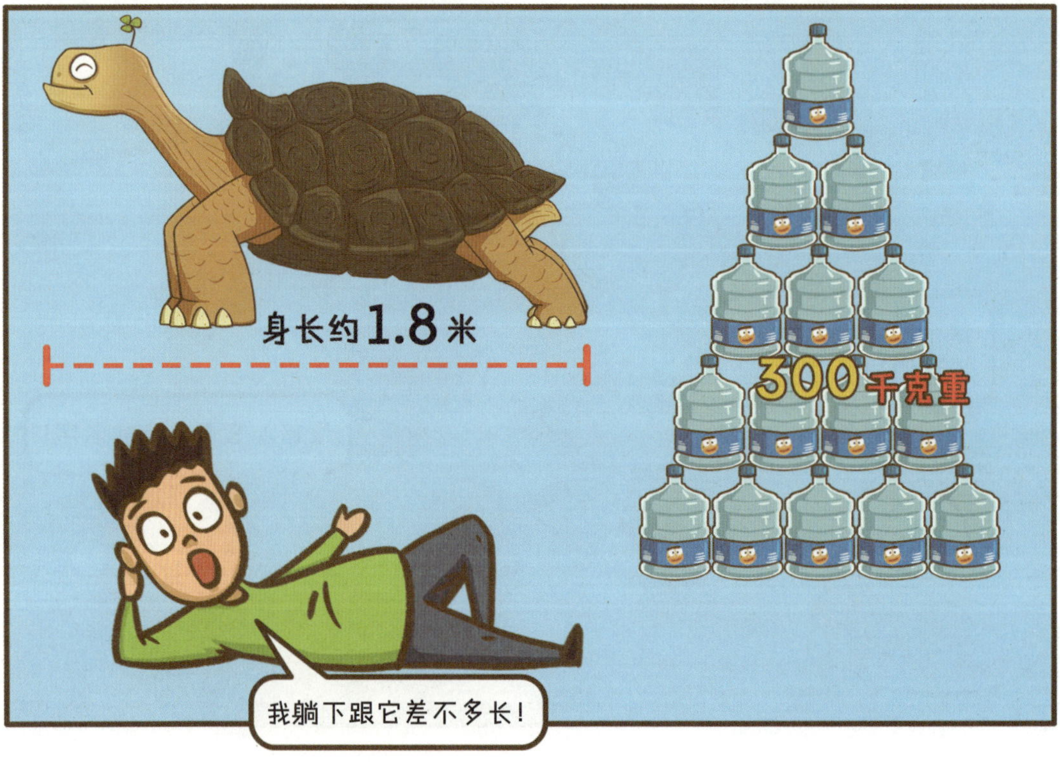

已经 5 分钟了，才走了 20 米！

仙人掌真美味！草叶、浆果也不赖。

我们都住在科隆群岛，我们都姓加拉帕戈斯！

我是加拉帕戈斯地雀。

我是加拉帕戈斯企鹅。

我是加拉帕戈斯海狮。

我是加拉帕戈斯海鬣蜥。

生物学家

"我是加拉帕戈斯……"

"呃，我是达尔文，英国的生物学家。我写过一本书，你们可能听过，叫《物种起源》。这本书跟科隆群岛有很大的关联。"

年轻时，我曾经乘船登上了科隆群岛，岛上的动物种类真是丰富啊！我把许多看到的细节都写在了手稿里，这次岛上的经历，给我的《物种起源》积攒了许多实地资料。

"我记得一只小企鹅的羽毛特别顺滑。"

"没有这次科隆群岛的考察经历，就没有达尔文的伟大著作《物种起源》呀！"

科隆群岛远离大陆、与世隔绝，以拥有众多珍奇的动植物闻名于世，被称为"活的生物进化博物馆""海洋生物大熔炉"。在1978年，还被评为了"世界自然遗产"。

真神奇！那它们都是从哪里来的呢？

科隆群岛上的绝大多数"住户"是从南美洲，甚至世界各地"移民"来的。它们有的是飞过来的，有的是趴在木头上漂过来的，有的是穿越大洋游过来的。

南极企鹅闯赤道

小企鹅，我看你也不像一直生活在这里的动物。你也是"移民"来的吧？

你说对了，我们确实是"移民"来的哟！让我来讲个故事吧。

爸爸讲过，我爷爷的爷爷的爷爷的爷爷的爷爷……呼……的爷爷的爷爷住在南极。

它是一名伟大的探险家!
我的祖先发现，南极的海洋里有一股巨大的水流。
这股水流把南极冰冷的海水，不断向远处推送。
赤道
科隆群岛
我的祖先想知道这股水流会流向何方。
它们跳入海中，跟着水流游啊游啊……
哇！跟着大哥有鱼吃!
欢迎加入逛吃逛喝企鹅旅行团!

指引着企鹅的祖先们一路向北，从南极流向赤道的这股凉爽的水流，叫作**秘鲁寒流**。秘鲁寒流的水流速度很快，企鹅的祖先们只用了一周左右的时间，就到达了这股寒流的尽头——科隆群岛。

就这样，本该祖祖辈辈住在南极的物种——企鹅，顺着秘鲁寒流找到了新的家园——赤道附近的科隆群岛。

哇！这里真不错，咱们去岛上看看！

赤道企鹅爱新家

土豆逗，想看看我们加拉帕戈斯企鹅今天的新生活吗？

自从到了赤道附近开始新生活，我们的身体就逐渐发生了变化，变得比南极祖先小巧得多。

70厘米
60厘米
50厘米
40厘米
30厘米

600万年前　　　　　　　　　　　现在

我们的身高从60厘米变成40厘米。

和小学生的书包差不多高。

40厘米

我们的体重也越来越轻，只有1.5至3千克。

和四本200页的书差不多重。

1.5~3千克

南跳岩企鹅……

阿德利企鹅……

加拉帕戈斯企鹅……

帝企鹅……

小蓝企鹅……

王企鹅……

我们很抗冻！

我们很优雅！

我的眉毛很酷吧？

我们是南极数量最多的企鹅。

我们是唯一生活在赤道附近的企鹅。

我们是唯一不穿黑衣服的企鹅！

企鹅这种基因里怕热不怕冷的动物能在赤道附近居住，还真是多亏了秘鲁寒流的帮忙！

地球赤道附近的海水一般都在 26～30℃。唯独在科隆群岛周围，水很凉爽，适合企鹅生活。

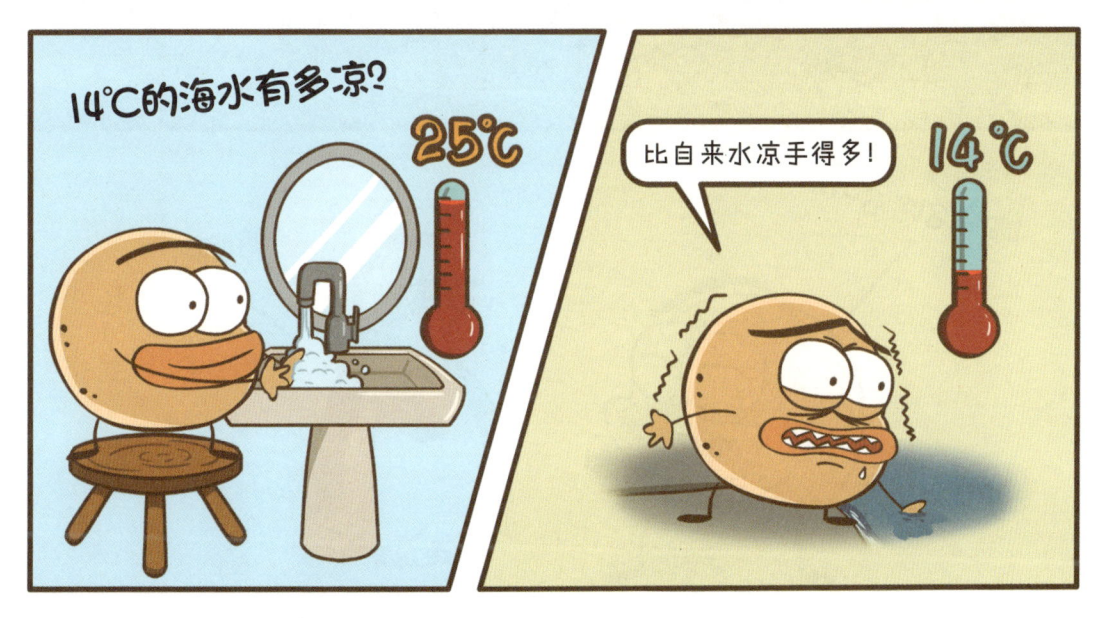

赤道 14℃ 26℃ 28℃ 呼 30℃

14℃的海水有多凉？ 25℃

比自来水凉手得多！ 14℃

白天炎热的时候，加拉帕戈斯企鹅就会跳入凉爽的海水中避暑。

它们还有另外一种散热的绝招。

哈咻 哈 哈咻

土豆逗，来跟我学。

你们像小狗一样吐舌头散热！

哈哈哈哈哈……

哈哈哈！

土豆逗嘻哈剧场

你知道赤道附近的海洋里有个神奇的**火山群岛**吗？
你知道**企鹅**在赤道附近也不会**热晕**吗？

秘鲁寒流，它是"移民"通道。

免费送你去看看，**火山岛**真奇妙！

脑洞轰炸！
科隆群岛上的动物到底有多稀奇？

加拉帕戈斯海狮——海滩"霸主"

哺乳动物在科隆群岛相当有限，因为岛屿远离大陆，只有5种哺乳动物被视为原产于该岛屿，包括两种蝙蝠和两种鼠，以及加拉帕戈斯海狮。这种海狮是海狮中最小的一种，整天懒洋洋地靠在一起晒太阳。它们常常霸占着海滩、堤坝和码头，仰面朝天呼呼大睡，即使有游客靠近，也完全不怕。

> 可以拍照，但请别打扰我的美梦。

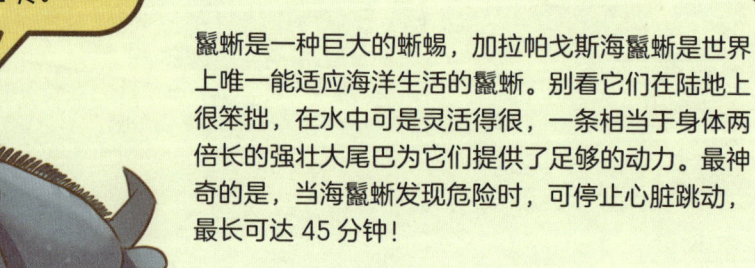

加拉帕戈斯海鬣蜥——装死大师

> 我不是装死，我只是装成一块石头。

鬣蜥是一种巨大的蜥蜴，加拉帕戈斯海鬣蜥是世界上唯一能适应海洋生活的鬣蜥。别看它们在陆地上很笨拙，在水中可是灵活得很，一条相当于身体两倍长的强壮大尾巴为它们提供了足够的动力。最神奇的是，当海鬣蜥发现危险时，可停止心脏跳动，最长可达45分钟！

加拉帕戈斯象龟——绝食之王

我的长寿秘诀是：吃得多，动得少。

加拉帕戈斯象龟不仅是世界上体形最大的龟之一，还是世界上寿命非常长的动物，能活约 200 岁。

这种龟长得大，胃口也大，每天要吃约 30 千克的食物，包括浆果、仙人掌、草叶等。它们行动缓慢，每小时只能移动约 260 米，每天光是花在寻找食物上的时间就需要八九个小时。要是遇上缺乏食物的旱季怎么办呢？别怕，它们拥有强大的耐饥渴能力，即使 18 个月不吃不喝，依然能够顽强地活下去。

加拉帕戈斯地雀——和达尔文同名的鸟

加拉帕戈斯地雀又叫达尔文地雀。当年，达尔文在科隆群岛上考察时，发现这里有 13 种地雀，它们的外表和体形都非常相似，唯一不同的是，它们的喙差别很大。达尔文认为这些鸟同属一个祖先，只是因为各区域的食物不一样，使它们的喙进化成了不一样的形状。据此，达尔文提出了自然选择说，即，为了适应自然环境的变化，物种是可以进化的。

没错，又是我。

海底火山为什么会喷宝石?

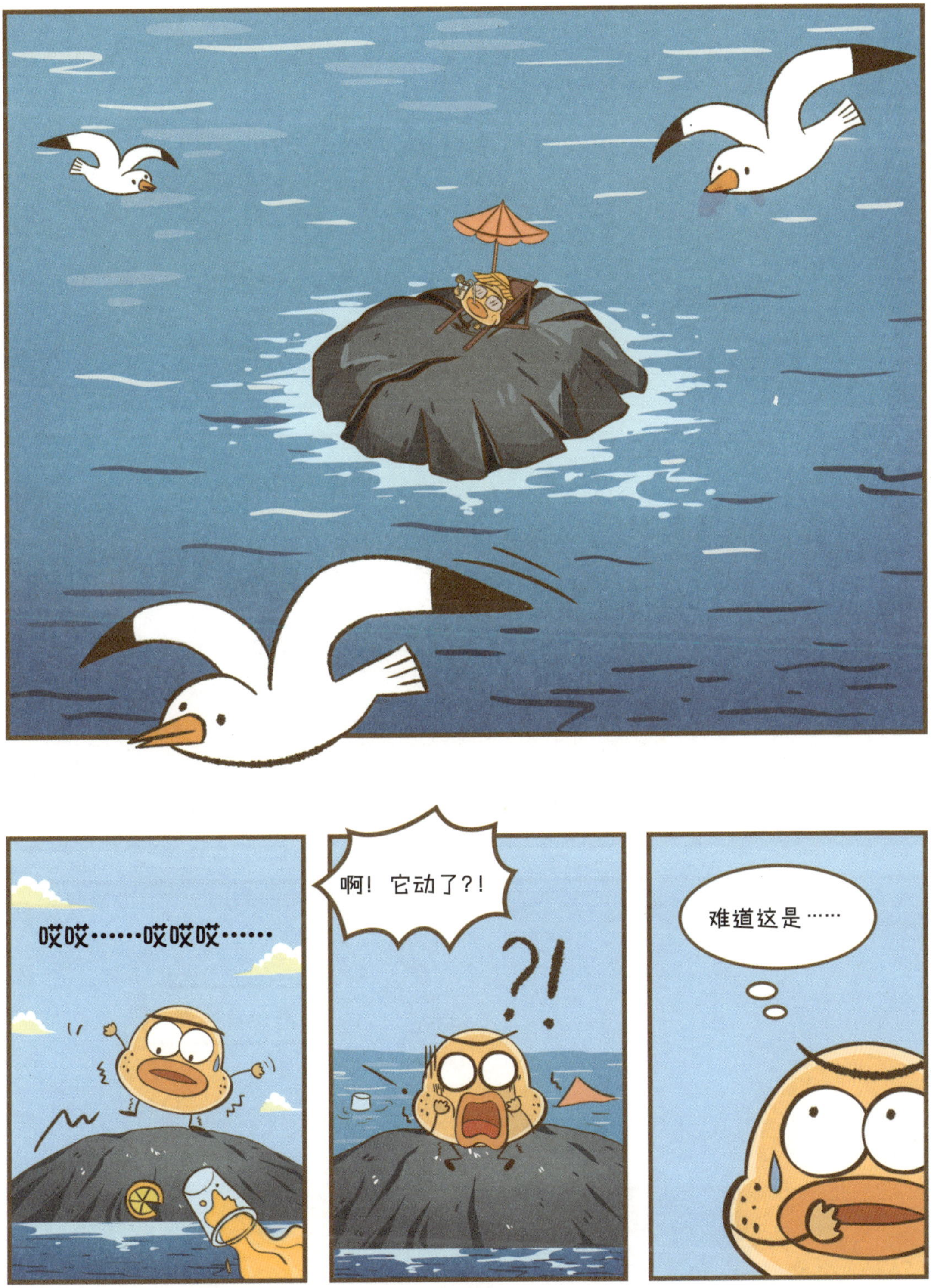
哎哎……哎哎哎……
啊！它动了？！
?!
难道这是……

大龟?	鲸?

大大大大大怪兽?!

我不是怪兽。

我是海底火山！

火山附近发生地震，往往是火山喷发的前兆。

啊啊啊啊啊啊！

海底怎么会有火山？

海底火山原来是你！

在了解海底火山的形成之前，先来认识一下地球的结构。地球由地壳、地幔、地核三部分组成，地核又分为内核和外核。

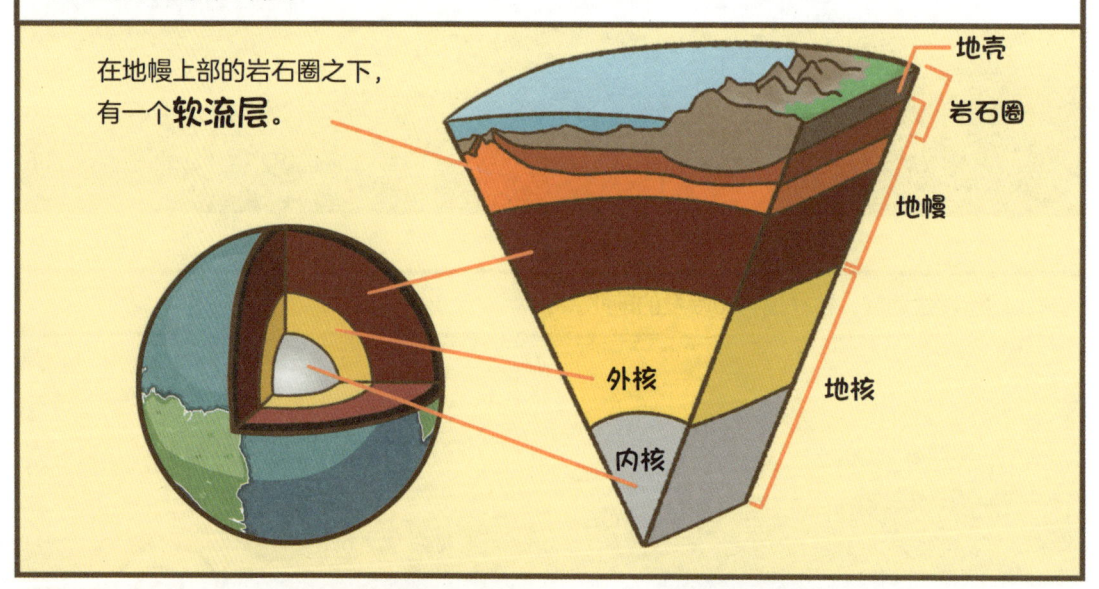

在地幔上部的岩石圈之下，有一个**软流层**。

地壳
岩石圈
地幔
外核
内核
地核

软流层受到的压力巨大，平均温度可高达1200℃，能把岩石熔化，形成**岩浆**。

就像高压锅把食物压软一样！

60

哇，真舒坦！

地下好挤！ 放我出去！

岩浆在地球内部不停运动，当压力积攒到一定程度，岩浆就会沿着地表缝隙，喷涌而出。

就像爆浆的泡芙一样！哪儿有缝隙，哪里就可能有火山喷发！

有的火山在地面上，叫作陆地火山！

陆地火山

海底火山

有的火山在海底，叫作海底火山！

61

地球表面是由六大板块构成的，板块和板块之间会相互碰撞或分离。全球共有两万多座海底火山，其中一半以上都在太平洋周围。

亚欧板块 美洲板块 非洲板块 太平洋板块 印度洋板块 南极洲板块

所以，这一带也是地球上火山最多的地方。

可是我刚才明明在一座海岛上，海岛和海底火山有什么关系？

让我去海底看看。

海底火山长大就变成了海岛！

海底火山成长记

火热的岩浆从海底火山口喷出，遇到冰冷的海水，慢慢冷却下来，就凝固成了岩石，堆积成山，慢慢积累，成为海底火山的火山锥。

1. 啊，真舒坦！
2. 咦，凉水？！
3. 呃，我不能动了！

海底火山喷发一次,火山生长一次,冷却后的岩浆不断地往上堆叠。终于有一天,它长到足够高,露出了海面,就变成了海岛。

哇!原来火山真的会长大!

活火山才会长大,死火山不喷发,所以不会长大。不只是海底火山,陆地上的火山也会长大,只不过陆地火山的岩浆冷却,需要更长的时间。

活火山　　　死火山

我明白了！刚才那个海岛，就是这样一层一层，不时地喷发、冷却，堆积形成的！

土豆逗所在的夏威夷，是世界上著名的火山群岛。

真神奇！

一万多平方公里的海岛，都是由海底火山喷发出来的物质堆积形成的。

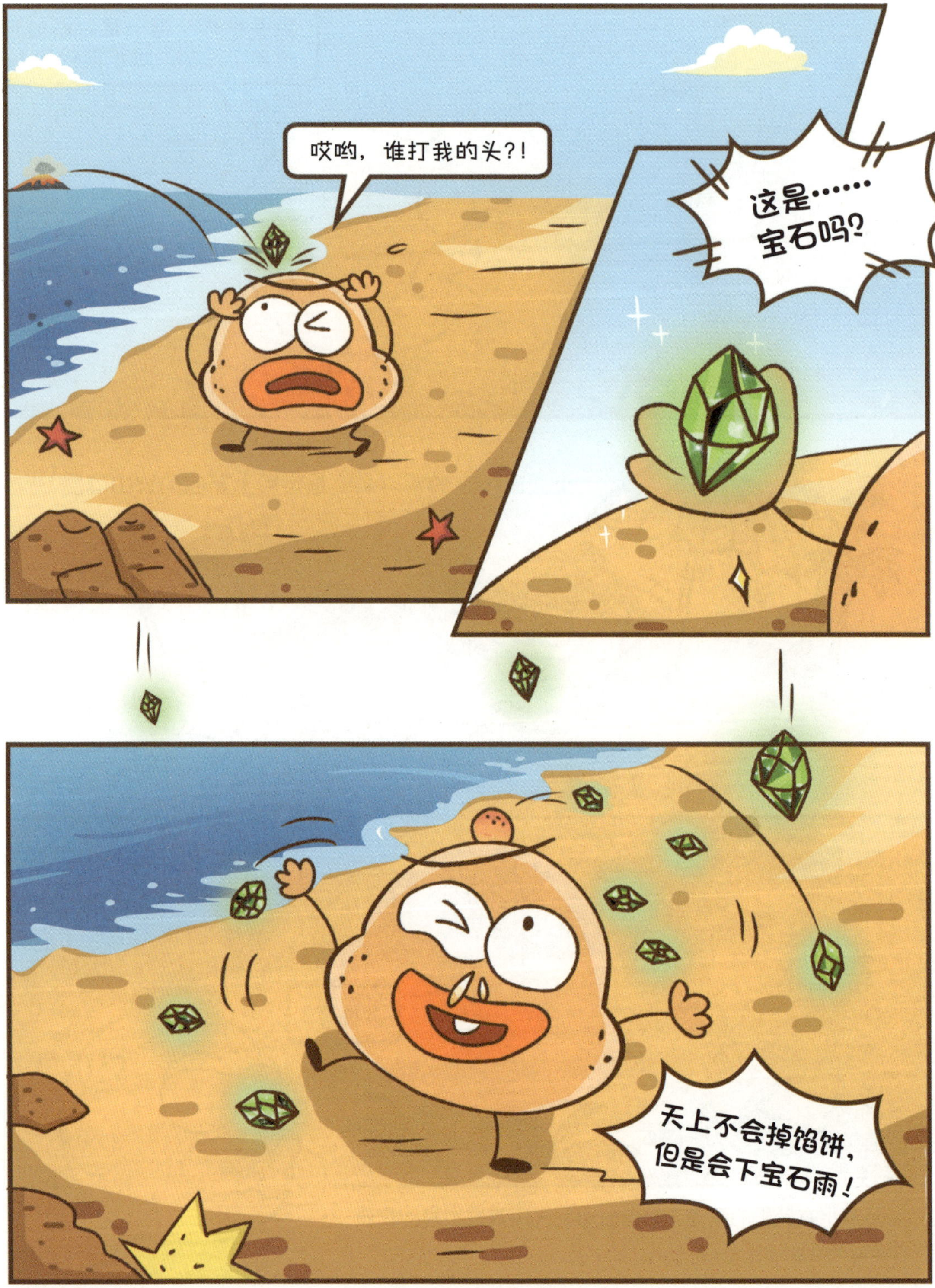
哎哟，谁打我的头?!
这是……
宝石吗?
天上不会掉馅饼，
但是会下宝石雨！

宝石雨你从哪里来？

这是什么宝石，翠绿翠绿的怪好看！

橄榄石

这些绿色的宝石叫作橄榄石，越透明越珍贵。

这么多宝石，哇，发财了，发财了！

3500多年前，古埃及人就发现了它，称它为"太阳的宝石"。欧洲的王公贵族也对橄榄石钟爱有加，用它来制作首饰、王冠等。

火山里为什么会喷出宝石?

出来见见世面,自然要带上好邻居啦!

搭个顺风车,出去玩喽!

橄榄石的母岩是上地幔的主要造岩矿物,和岩浆住在一起。

哇!真厉害,经过火的锻造,才能呈现出耀眼的绿色!

可是岩浆有1200℃以上的高温,橄榄石不怕吗?

橄榄石正是在岩浆的高温中诞生的,所以它们天生就不怕高温。

▲ 中国:河北张家口
▲ 美国:亚利桑那州
▲ 德国:艾费尔地区
▲ 挪威:斯纳鲁姆
▲ 意大利:维苏威火山

哈哈哈,橄榄石就是火山送给我们的见面礼呀!

世界著名的优质橄榄石产地,大部分都是火山比较活跃的地区。

68

土豆逗嘻哈剧场

你知道海底也有一座座火山吗?
你知道火山怎么一层层长大吗?

海底火山能量大,长出海岛来度假。

哈哈哈!宝石哗啦啦从天降!

脑洞轰炸！

火山能给人们带来什么好处吗？

世界上有约十分之一的人住在火山附近。火山给人们带来灾难的同时，也像一座取之不尽的宝库，给人们带来了丰富的资源。

火山里都有什么好宝贝？

❶ 许多珍贵的矿产都与火山活动有关，比如金、银、铜、铁等金属矿产，以及硫黄、钻石、橄榄石等非金属矿产等。

印度尼西亚

❷ 火山灰里含有丰富的矿物质，能让周围的土地变得非常肥沃，有利于农作物的生长。

日本

❸ 火山附近常常蕴藏着丰富的地热资源，可以用来发电和供暖。

冰岛

❹ 独特的火山景观还能发展旅游业。比如，夏威夷群岛上的火山比较温和，滚烫的熔岩和海水交混，形成白雾弥漫的独特景观，吸引来自世界各地的游客。

夏威夷

哈哈哈，火山真是让人又爱又恨啊！

71

荧光海滩，大海发光的秘密

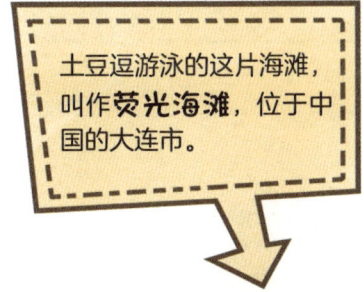

咦？大海怎么发光了？是星星掉下来了？

咦？本来只想游个泳，谁知浑身发了光。这是怎么回事？

土豆逗游泳的这片海滩，叫作**荧光海滩**，位于中国的大连市。

荧光海滩？哇，真美！还有哪里能看到荧光海滩？

荧光海滩原来是你!

全世界有很多个海滩，可是目前，只有在中国、波多黎各、澳大利亚和马尔代夫的部分海岸，才能看到荧光海滩这种神奇的现象。

为什么荧光海滩如此罕见呢？

形成荧光海滩，有四个必要条件，缺一不可！

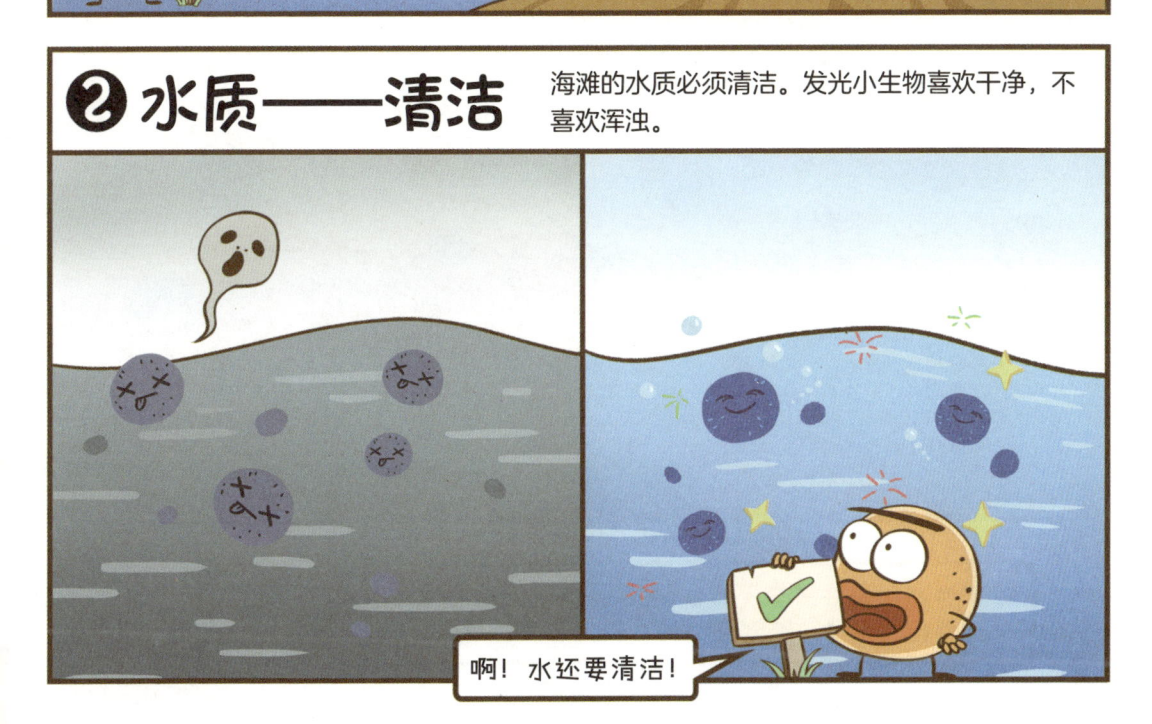

❶ 地形——浅湾

海滩必须是个浅湾，又小又平，发光小生物容易进来，不容易出去，最后越积越多。

哦，水要浅！

浅湾

锅底坑

陡坡

❷ 水质——清洁

海滩的水质必须清洁。发光小生物喜欢干净，不喜欢浑浊。

啊！水还要清洁！

❸ 水温——适中

水温要在17～19℃，不能太冷也不能太热。所以，中国的荧光海滩总是出现在4月至9月。

水还得不冷不热！

❹ 营养——丰富

也是最重要的一点，就是海水里要富含氮、磷等营养元素，它们可是这些亮晶晶的小家伙最爱吃的食物！

"咕"

原来如此！条件可真不少，怪不得碰到荧光海滩是一件幸运的事情。那到底是什么在海里发光呢？

76

亮晶晶的光你从哪里来？

这些主角实在太小了，不用显微镜，实在看不清它们。

这些通常长着两根鞭毛的藻，就是这片荧光海滩的发光者。

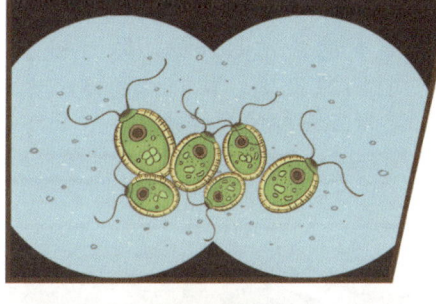

我们叫**鞭毛藻**！

我不是齐天大圣，我是**变海大圣**。

我看见了，这两根鞭毛，好像齐天大圣孙悟空头上那两根翎子呀。

一个鞭毛藻全身的长度只有约0.05毫米，和一根头发丝的粗细差不多。

怪不得我肉眼都看不见它们！这么小一点儿，是怎么发光的？

77

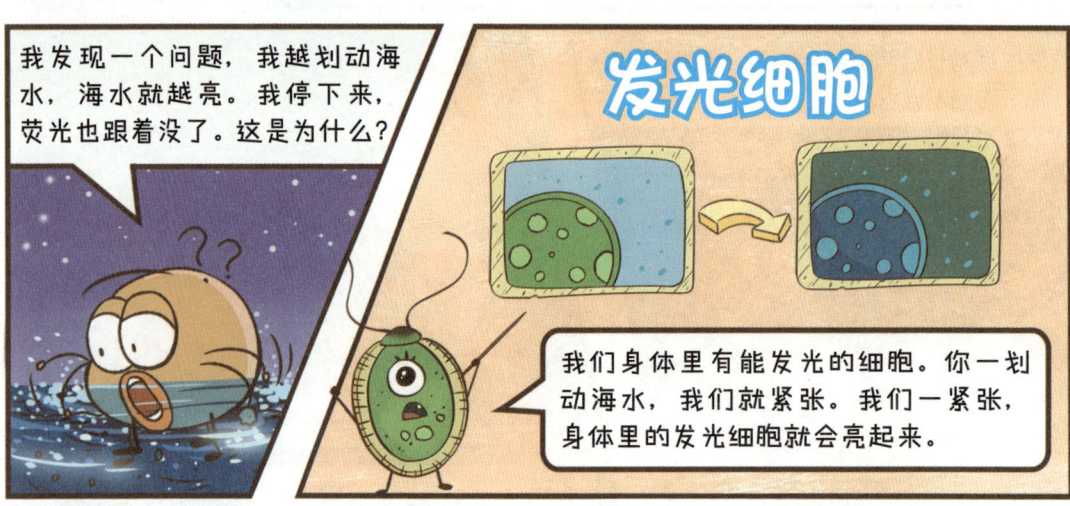

鞭毛藻爱发光

我发现一个问题,我越划动海水,海水就越亮。我停下来,荧光也跟着没了。这是为什么?

发光细胞

我们身体里有能发光的细胞。你一划动海水,我们就紧张。我们一紧张,身体里的发光细胞就会亮起来。

意思就是警告你:小心点,别伤害我们。

嘿嘿嘿……入侵者来喽!哈哈哈!

划动 划动

啊啊啊!

在自然界中，会发光的生物可不只鞭毛藻一种。

我用最浪漫的光，寻找最亲密的伴侣。

萤火虫

鞭毛藻

水母

磷虾

警告，警告，离我们远一点！

嘿嘿嘿，我打着灯笼来觅食！

太有趣了！如果把鞭毛藻和发光的小鱼、小虾洒满大海，那整个大海就会变成亮晶晶的荧光大海，一定很美！

万万不可！

荧光海滩灾难警报

如果地球上到处都是荧光海滩，那将变成一场灾难！

原本漆黑的海滩，变得像梦幻世界一样美，为什么说是灾难？

小家伙，你们真的会给海滩带来灾难吗？

哪里有什么灾难？海水里的营养这么丰富，氮、磷……全都是我们最爱吃的！哈哈哈！

我们疯狂地吃啊吃啊，兄弟姐妹变得越来越多，越来越多，我们的家族越来越庞大，好开心！

为了我们的大家庭，干杯！

藻的过量繁殖，是藻家族的狂欢，却是海洋的灾难——**赤潮**。

赤潮，又被叫作"**红色幽灵**"。这个名字听起来就不太好。赤潮是海洋污染的信号，会造成大量海洋生物死亡。

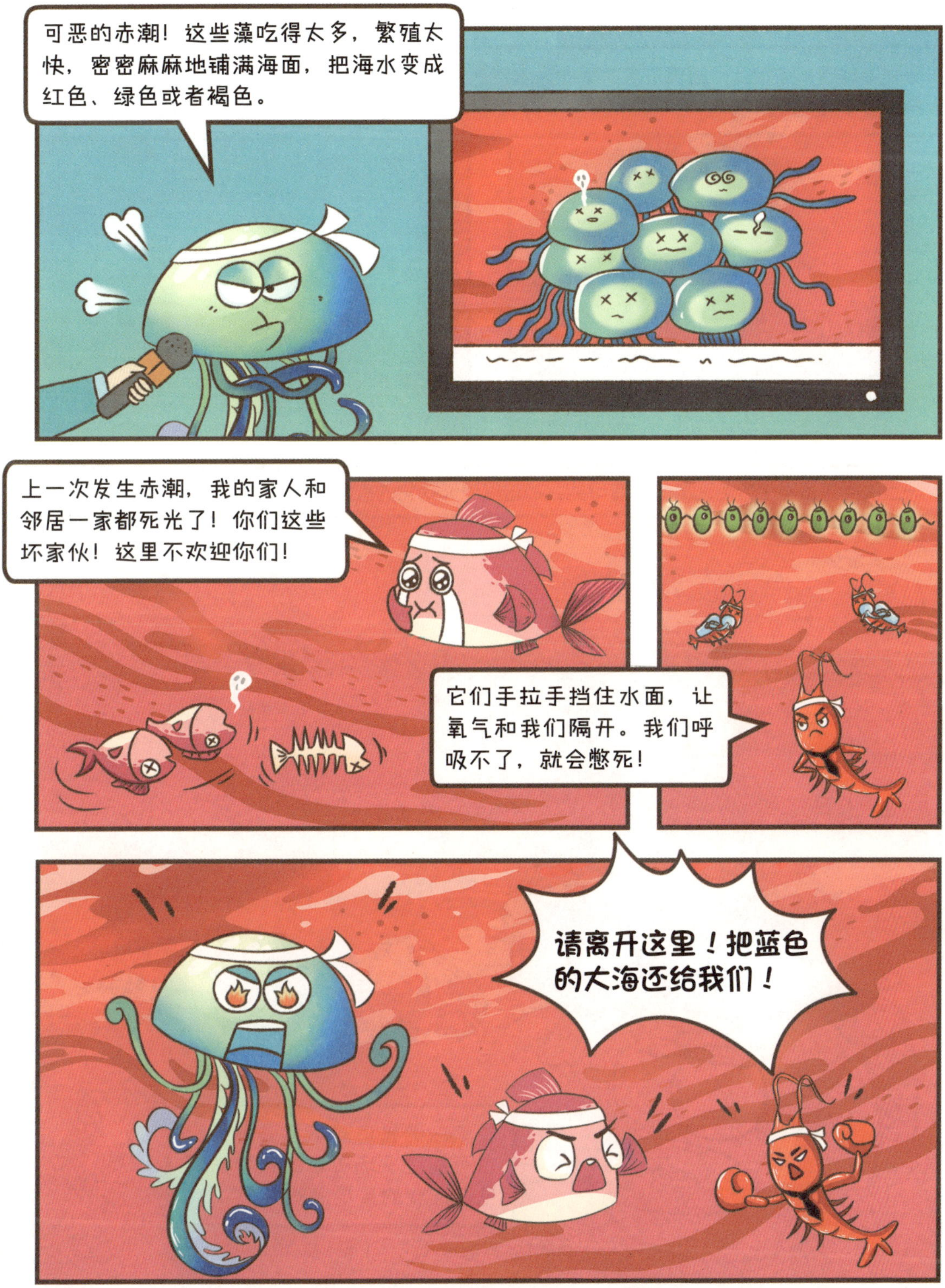
可恶的赤潮！这些藻吃得太多，繁殖太快，密密麻麻地铺满海面，把海水变成红色、绿色或者褐色。
上一次发生赤潮，我的家人和邻居一家都死光了！你们这些坏家伙！这里不欢迎你们！
它们手拉手挡住水面，让氧气和我们隔开。我们呼吸不了，就会憋死！
请离开这里！把蓝色的大海还给我们！

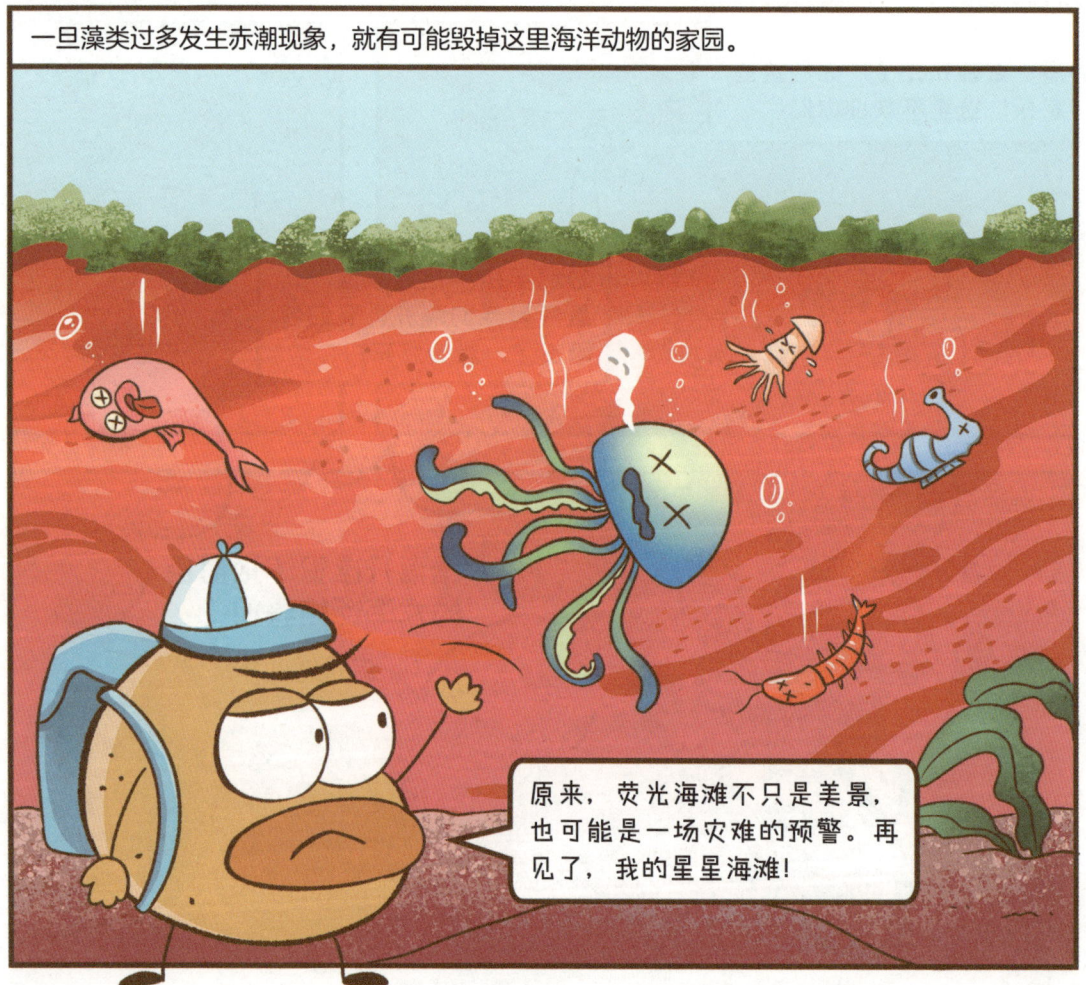

荧光海滩看起来很美,却预示着这里的海水营养过剩,各种藻繁殖太快。

一旦藻类过多发生赤潮现象,就有可能毁掉这里海洋动物的家园。

原来,荧光海滩不只是美景,也可能是一场灾难的预警。再见了,我的星星海滩!

土豆逗 嘻哈剧场

荧光海滩，闪闪发亮！
那不是星星掉下来，是微生物登场！

小小鞭毛藻，联合起来可真不好！

保护环境，维护生态平衡，让赤潮灾难远离海洋！

脑洞轰炸！

赤潮是由海水营养过剩引起的，那这些营养元素是从哪里来的呢？

赤潮一般发生在人类大量聚居的海边或港湾城市的海边，这些营养物质，就来自人们排放的生活污水、工业废水和农业废水。

发生了赤潮的海域，还能回到过去吗？

人们已经意识到赤潮的危害，采取了很多措施来进行治理和预防：

❶ 养殖海带、裙带菜、紫菜等植物，来净化水体。

❷ 利用挖泥船清理受污染的海底，改善海水的质量。

❸ 加强污染治理，未经处理的废水严禁直接排入海洋。

赤潮就是海洋的警报，时刻提醒我们应当保护环境！

87

地球上的神秘大洞从哪里来?

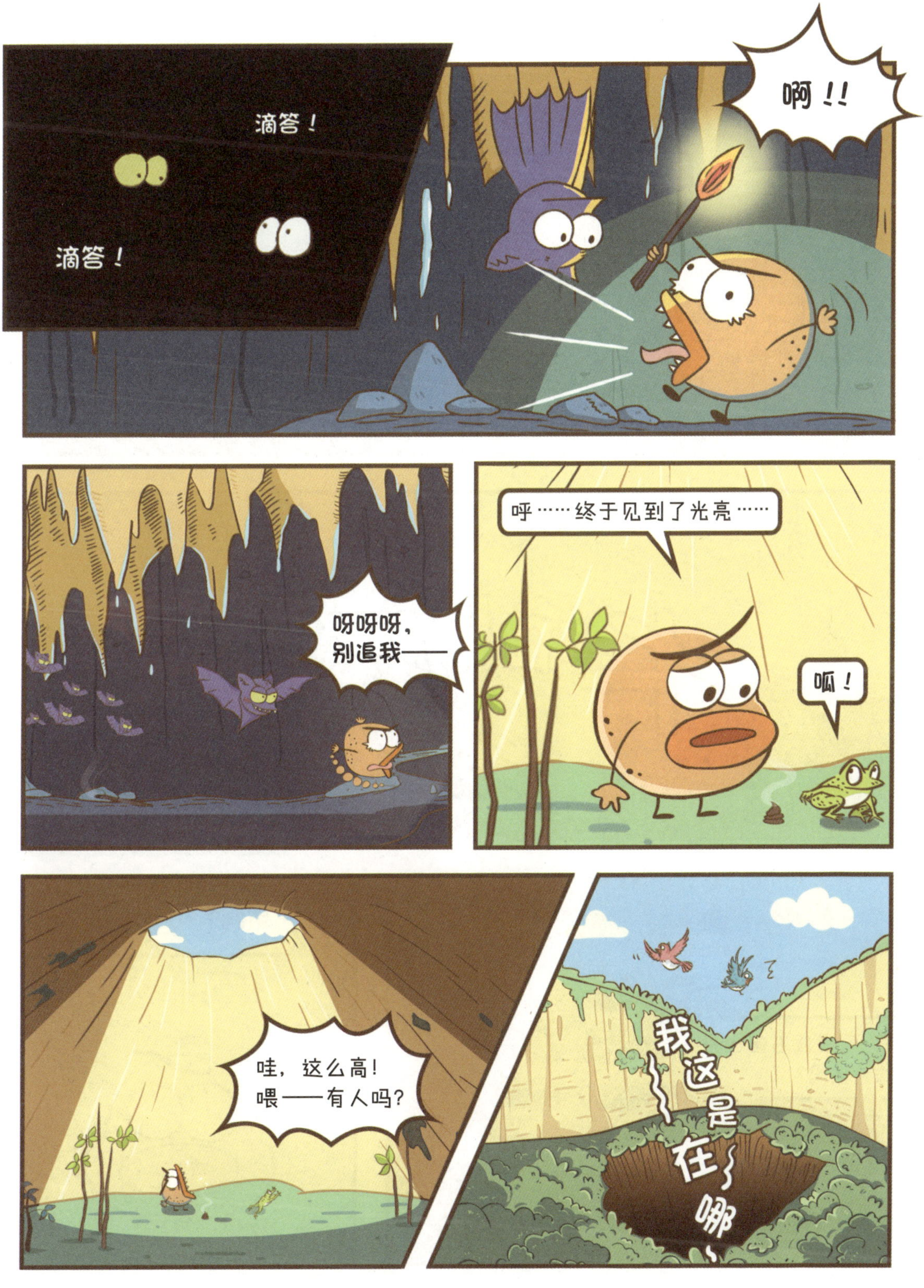

滴答！
滴答！
啊！！
呀呀呀，别追我——
呼……终于见到了光亮……
呱！
哇，这么高！喂——有人吗？
我这是在哪

你在一个天坑里。
天坑？
是这样的坑吗？
不，它得很大很大才行。
坑！
大坑！
这个坑够大了吧？
人挖出来的不算。
那……是陨石砸出来的大坑吗？
不是。
天坑到底是什么样的坑啊？

天坑原来是你！

天坑是一种自然形成的漏斗地貌，最早是由中国的学者发现并命名的，它的国际通用名使用了汉语拼音"Tiankeng"。截至目前，全球已发现的天坑，有约三分之二在中国。

嘿嘿，这个单词好记！

一个合格的天坑，深度至少要超过100米，最宽处的直径达100米。四周崖壁直立陡峭，十分壮观。

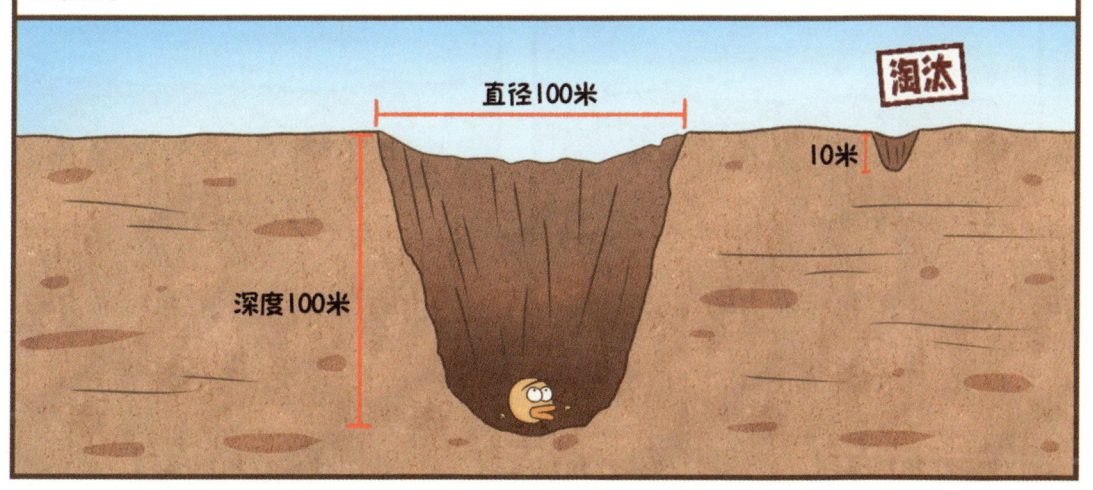

直径100米

深度100米

10米

淘汰

100米大约是**30层楼**那么高，或者7只霸王龙摞起来那么高。

30层楼，呃……这么高！

目前已知地球上最大的天坑是位于中国重庆的**小寨天坑**，足足能装下36个100米级别的小天坑。

世界最大天坑
小寨天坑
坑口直径约622米
坑底直径约522米
深度约666.2米

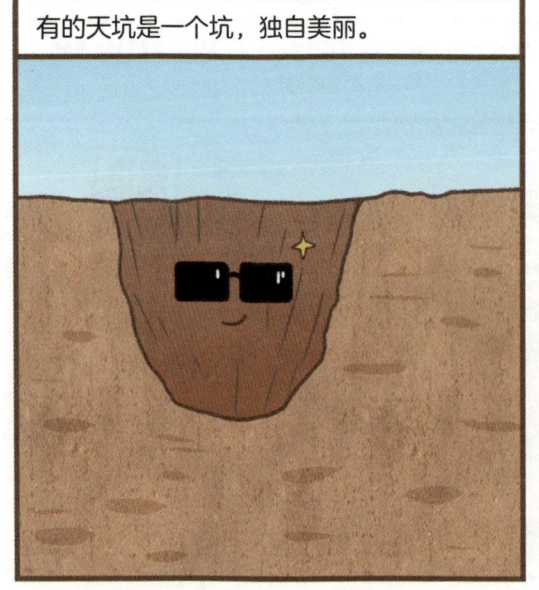

有的天坑是一个坑，独自美丽。

有的天坑大大小小连在一起，是个家族群。

我们是一家人！

中国广西百色的大石围天坑群，是一个非常大的天坑群，足足有30个天坑！这里还有地下溶洞、坑底原始森林、稀有动植物和地下暗河，保留了完整的原始生态系统。

广西百色的大石围天坑群

地下溶洞

地下暗河

坑底原始森林

这么大的天坑群，到底是怎么形成的？

天坑，你从哪里来？

天坑是由大自然的神秘之手挖出来的。这只神秘的大手，就是**水流**！

石头那么硬，水怎么能挖出这么大的坑呢？

举个简单的例子，当水滴不停地掉落在石头的同一位置，只要时间足够久，就会把石头挖出坑儿来，甚至把石头穿透。这就是水滴石穿。

难道……天坑是雨水冲刷出来的？

水 滴 石 穿

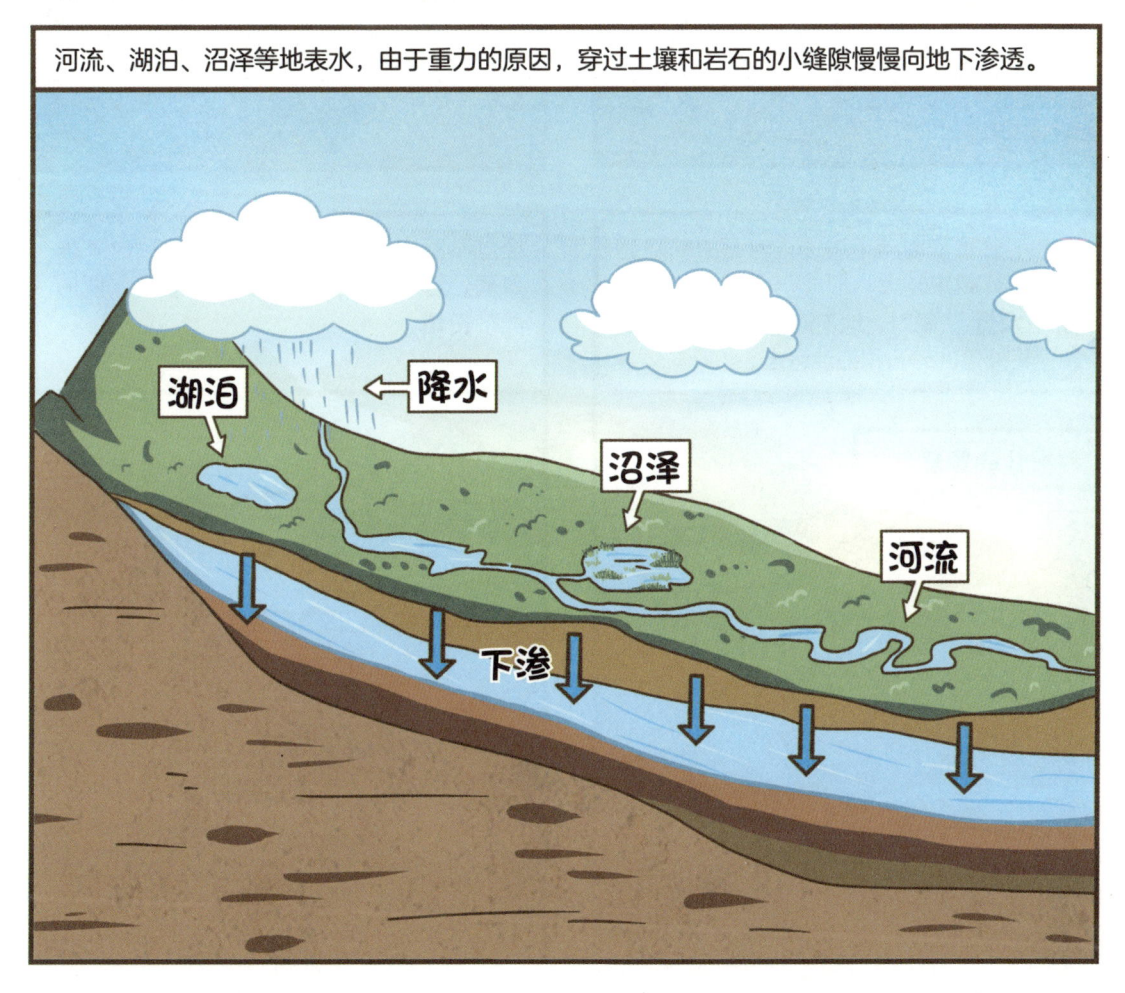

中国的天坑大多位于气候湿润多雨的西南地区，这里的地表下广泛地分布着大量的石灰岩。

石灰岩的主要成分是碳酸钙，硬度不大，容易被水流溶蚀。

河流、湖泊、沼泽等地表水，由于重力的原因，穿过土壤和岩石的小缝隙慢慢向地下渗透。

湖泊　降水　沼泽　河流　下渗

厚厚的**石灰岩**不断被水流冲刷、侵蚀，地下形成大大小小的孔道。	随着时间的推移，地下的水越来越多，侵蚀作用加强，孔道也渐渐连在一起，变成了**地下河**。
水流不分昼夜地向下渗透，岩石的缝隙越来越多，越来越大，形成一个巨大的地下**崩塌大厅**。同时，地下河道变宽，水流变急，将掉落的碎石和细沙运走。 有种不好的预感……	经过不断崩塌、溶蚀和搬运，洞顶越来越薄弱。终于有一天，洞顶彻底崩塌，便形成了**天坑**。 啊！

这种通过水流侵蚀使地下岩层发生较大规模坍塌而形成的天坑，叫作塌陷型天坑。

塌陷型天坑

喂！我只是想了解天坑，不要坑我啊！

还有极少数的天坑，是**冲蚀**形成的。部分石灰岩露出了地表，地上的河流经过这里时，不断侵蚀石灰岩，形成落水洞和地下河。**落水洞**在水流的冲刷下越变越大，最后洞顶崩塌，形成天坑。

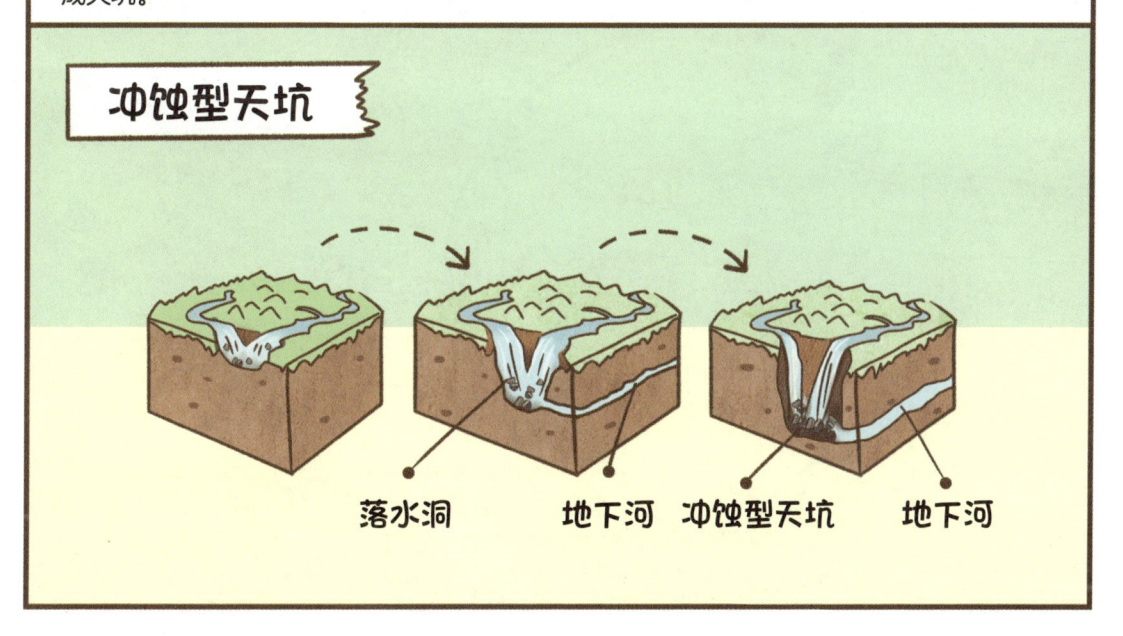

冲蚀型天坑

落水洞　　地下河　冲蚀型天坑　地下河

97

所以，形成天坑需要以下三个条件：

❶ 岩石层里有厚厚的石灰岩。
❷ 气候湿润多雨。
❸ 曾经有过或目前仍有地下河道。

天坑 = 足够巨大的坑 + 地球上的自然之力

自然的力量最神奇！

土豆逗嘻哈剧场

有一种神秘大坑叫作**天坑**，它足够巨大能放下好多个**足球场**。

水流日夜冲刷，**石灰岩**崩塌，历经上百万年，**天坑**终于形成啦！

这就是强大的**自然之力**，造就美丽地球，无限神秘。

脑洞轰炸！

这些现成的大坑，能用来干什么呢？

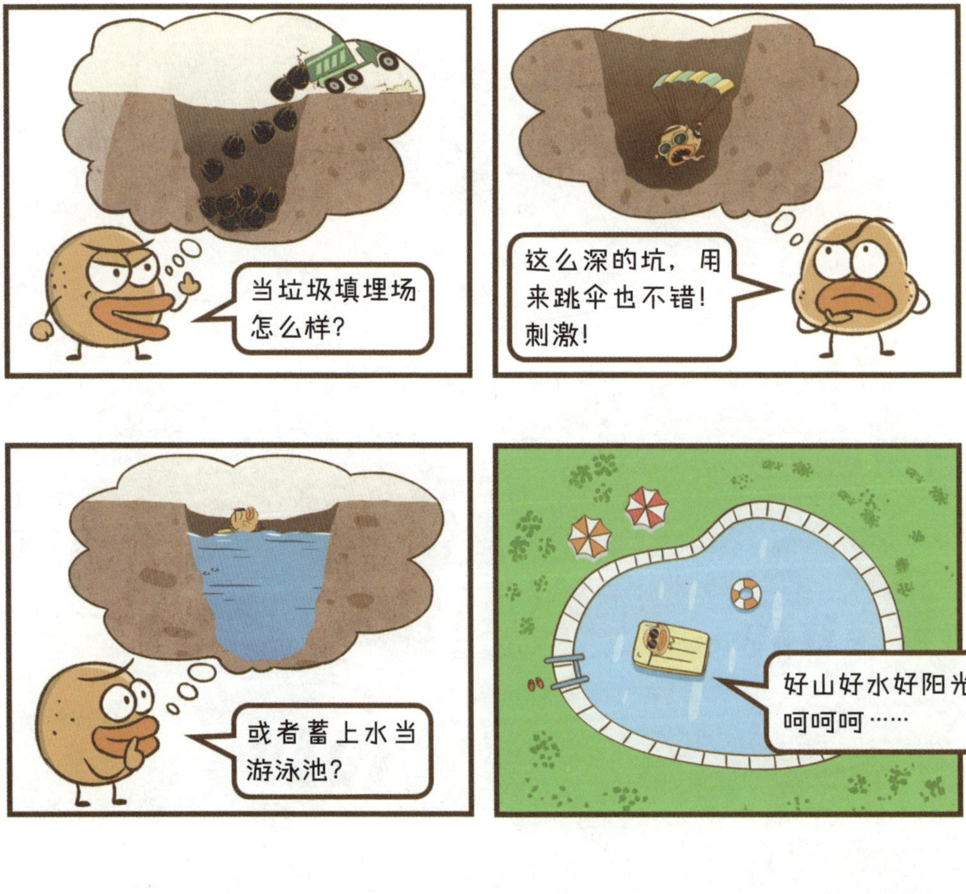

天坑不仅为当地提供了丰富的旅游资源，还具有极高的科研价值，是天然的"地质博物馆"和"原始生态博物馆"。有的天坑，还能帮助科学家探索宇宙。

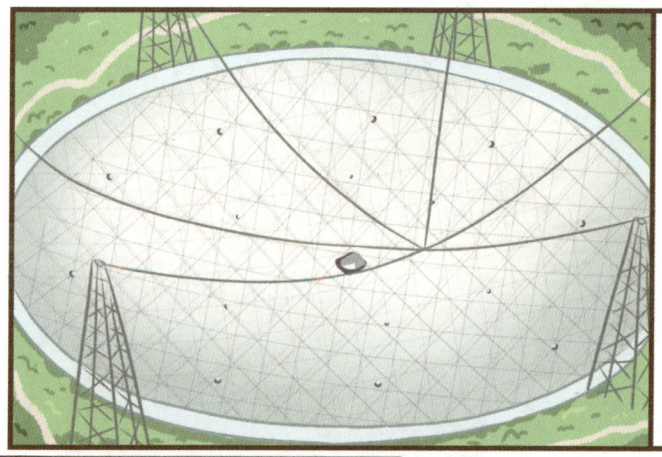

难道天坑可以上天？

全世界最大的球面射电望远镜——中国天眼，有30个标准足球场那么大，重2000多吨，能接收到距地球137亿光年以外的电磁信号，探索宇宙的起源和演化。如此庞然大物，需要一个巨大、坚固又便于排水的底座。

科学家经过多方寻找，终于在贵州大窝凼找到了一个天坑，尺寸刚刚好，就像是为中国天眼量身打造的。

如果是人工挖的坑，下雨就会变成水库，而天坑有地下河道，正好可以排水。科学家太聪明了！

101

"魔鬼城"真的有魔鬼吗?

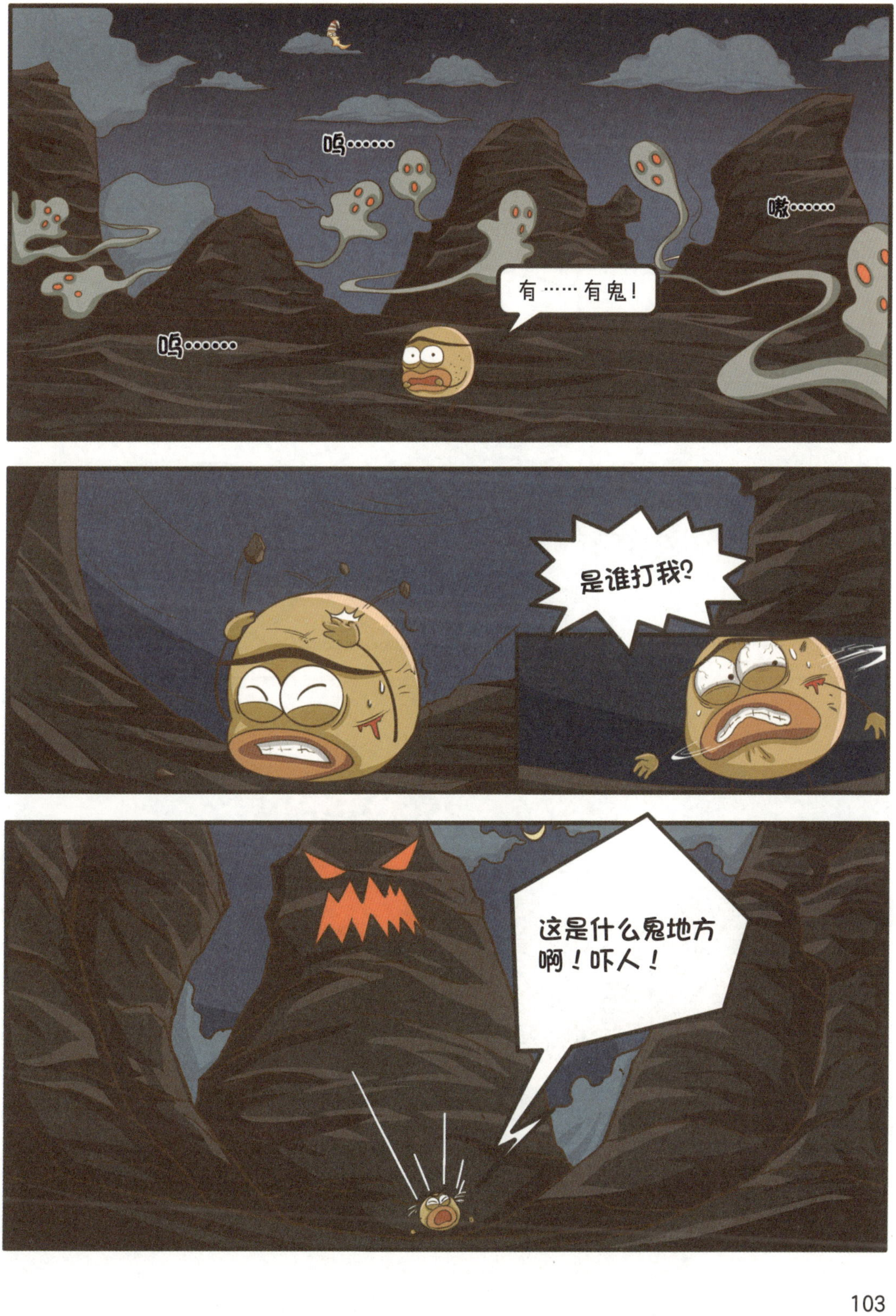
呜……
嗷……
有……有鬼！
呜……
是谁打我？
这是什么鬼地方啊！吓人！

这里是新疆的乌尔禾地区，又被称为**魔鬼城**。

嗷！

没错！我见到了魔鬼，还听见了鬼叫。

乌尔禾魔鬼城

乌尔禾地区位于新疆北部的克拉玛依市。这里寸草不生，荒无人烟，一到晚上更是鬼哭狼嚎，十分恐怖。

魔鬼城原来是你！

魔鬼城里，其实没有魔鬼。

不可能。我看到了张牙舞爪的魔鬼身形！

这里有许多巨大的岩石，在夜色下看起来就像鬼影一般。

有尖尖的指甲把我的脸划破！

这里的风速很快，大风卷起细小的沙砾，打到脸上，就会刮伤脸。

我还听见了"嗷嗷"的鬼叫声!

这里常年刮风,所谓"鬼叫",其实是风声。

我听过刮风的声音,才不像"鬼叫"!

这里的岩石高低错落,形状各异。每当大风吹过,气流在怪石间穿梭回旋,就会产生回声。

回声?就是声音反弹?

岩石的形状不规则、不均匀,就会造成不同的回声。

大大小小的回声和风声掺杂在一起,有的像怒吼,有的像尖叫,听起来就像万鬼齐鸣。

奇怪,白天为什么听不到"鬼叫"声呢?

实际上,魔鬼城在白天也有风沙。

只不过,白天有阳光,视野好,看起来没那么神秘。同时周围的杂音比较多,掩盖了风声,就不容易听到"鬼叫"了。

这个姿势美不美?

绝了!

我明白了，魔鬼城到了晚上鬼影重重，鬼哭狼嚎，都是这些怪石引起的。

那这些怪石，是怎么长成这样的呢？

在回答这个问题之前，我们先来学习一个词语——**雅丹地貌**。"雅丹"在维吾尔语里的意思是"具有陡壁的小山包"。魔鬼城，就是典型的雅丹地貌。

雅丹地貌你从哪里来？

我发现了一个特别之处。雅丹地貌的石头是一层一层的。这是怎么形成的？

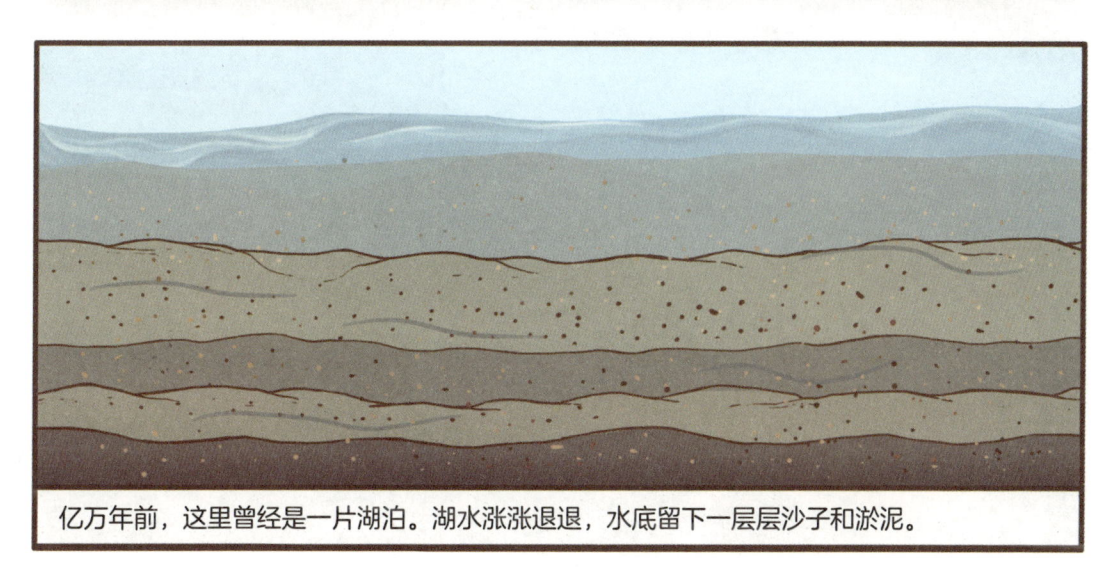

亿万年前，这里曾经是一片湖泊。湖水涨涨退退，水底留下一层层沙子和淤泥。

泥 → 泥岩
沙子 → 砂岩
泥 → 泥岩
沙子 → 砂岩

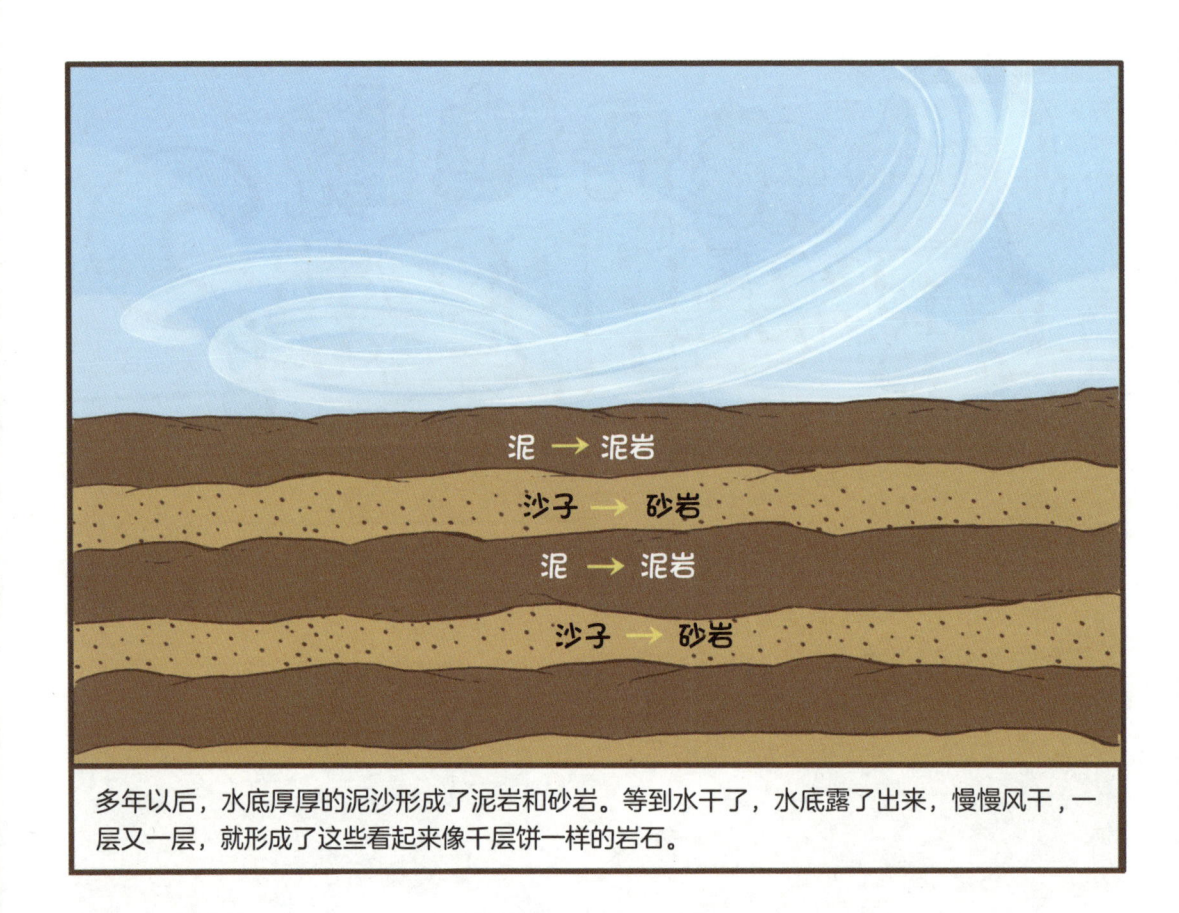

多年以后，水底厚厚的泥沙形成了泥岩和砂岩。等到水干了，水底露了出来，慢慢风干，一层又一层，就形成了这些看起来像千层饼一样的岩石。

砂岩，来自水底的沙子。

泥岩，来自水底的淤泥。

我觉得更像五花肉！

淤泥变成的泥岩不够坚固，如果风沙反复摩擦，它们容易碎裂、掉落下来。

泥岩

轻轻一敲就碎了！

沙子变成的砂岩就结实多了。

好硬！

砂岩

这些石头是怎么变得奇形怪状的？

接下来，就该我们闪亮登场了！

风——大自然的雕刻家

集合！

我们是风，我们雕刻，我们奏乐，我们是地球上最棒的艺术家！

风是无形的，怎么可能会雕刻呢？

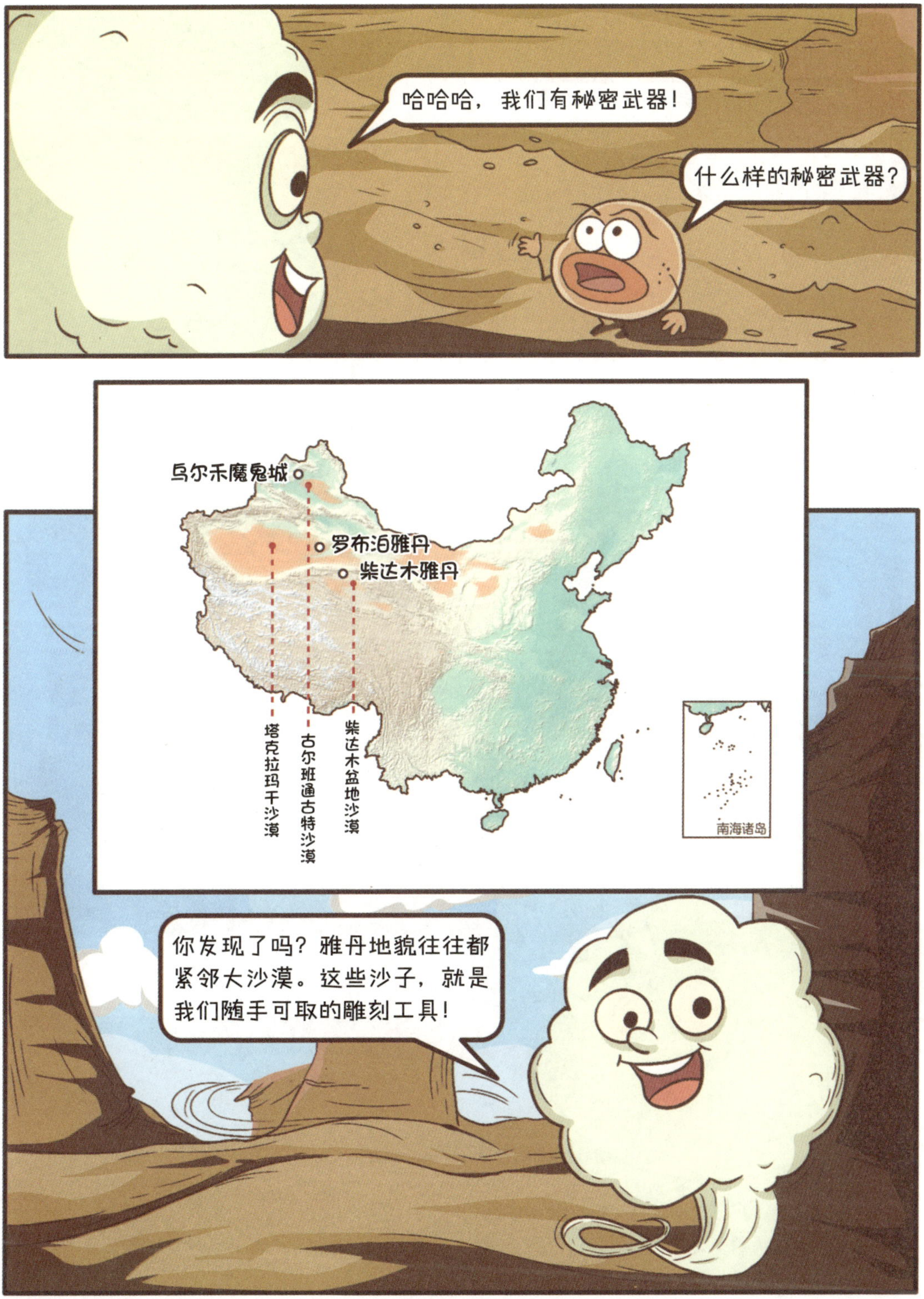
哈哈哈，我们有秘密武器！
什么样的秘密武器？
乌尔禾魔鬼城
罗布泊雅丹
柴达木雅丹
塔克拉玛干沙漠
古尔班通古特沙漠
柴达木盆地沙漠
南海诸岛
你发现了吗？雅丹地貌往往都紧邻大沙漠。这些沙子，就是我们随手可取的雕刻工具！

风卷起沙砾，在这些岩石表面反复摩擦，就像小刻刀一样，在岩石上留下痕迹。

原来是这样。

蘑菇岩

这些石头好奇怪，为什么高的地方粗，中间的地方细呢？

风卷起的沙砾有一定的工作范围,如果超过2米高,风就带不动沙砾了。而在这些岩石的腰部,风的力量比较大,能卷起的沙砾也比较多。

高处好自由,可是我的工具上不来,好遗憾!

2米以上
缺少沙砾

哈哈,我的速度最快,工具最多,看我大显身手!

腰部
适合雕刻

这里适合雕刻!

哇,风真是厉害!

过奖过奖!

乌素特雅丹地质公园

其实，还有我。

没错，水也是大自然的雕塑家，有一些雅丹地貌是因为水的冲刷而形成的。比如，青海的乌素特雅丹地质公园。

我知道了，要形成雅丹地貌，必须具备三个条件！

总结
1. 有远古河湖泥沙沉积形成的岩层。
2. 位于极端干旱的沙漠地区附近。
3. 该地区风蚀作用强烈，部分雅丹地貌由水蚀作用形成。

嘿嘿嘿，原来，魔鬼城没有魔鬼，是风在搞鬼。下次再来，我可就不害怕了！

土豆逗 嘻哈剧场

雅丹地貌，层叠耸立，
狂风呼啸，沙石遍地。

亿万年间，风水助力，
摩擦摩擦，来之不易。

魔鬼城里，没有魔鬼，
有的是大自然的威力。

脑洞轰炸！

我看过一部讲火星的电影，和魔鬼城很像！难道火星上也有雅丹地貌？

火星地貌和雅丹地貌有很多相似之处，就像双胞胎一样。

我们火星上曾经有过海水。

雅丹地貌地区也曾经有过湖泊或者海。

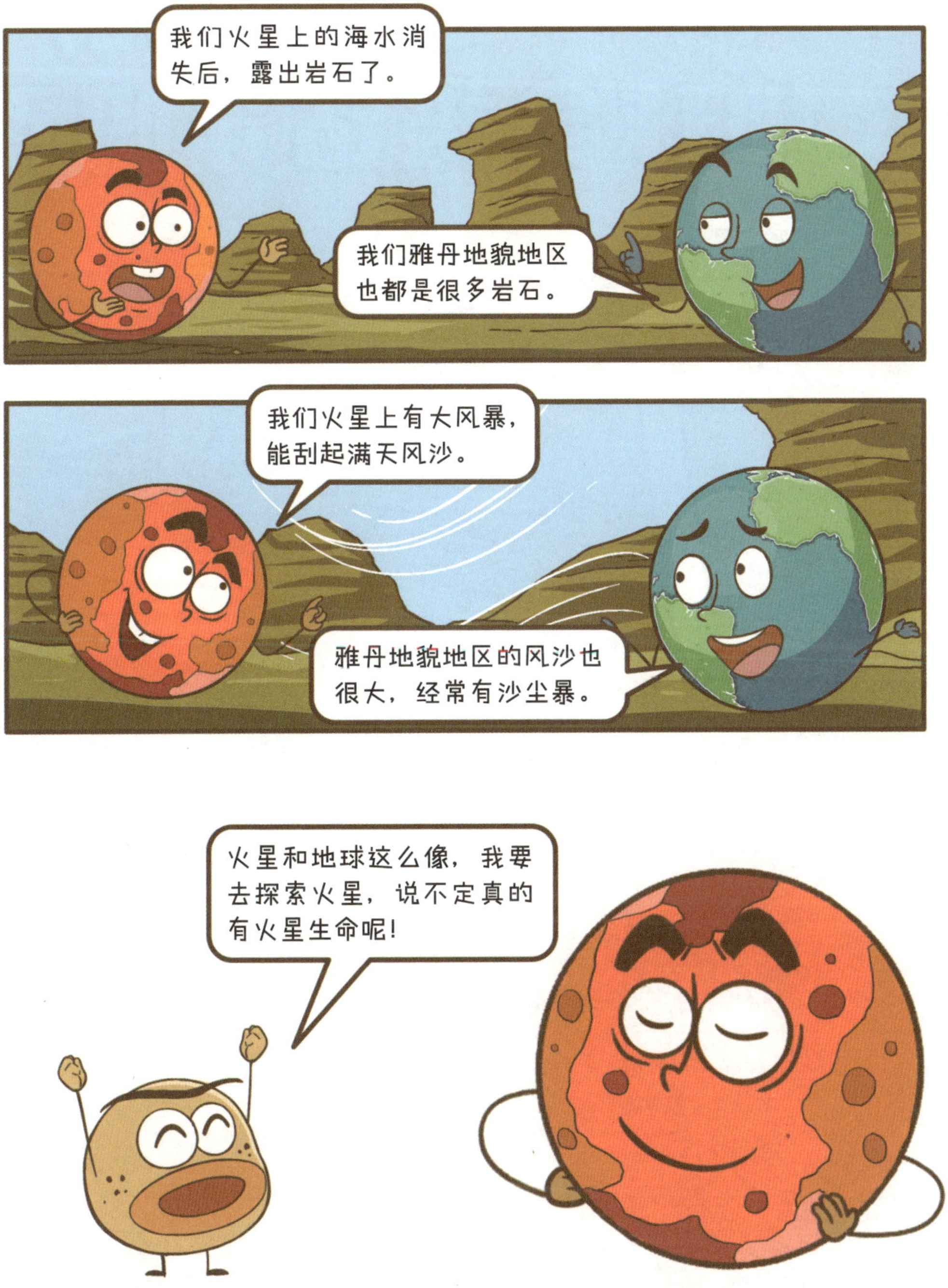
我们火星上的海水消失后，露出岩石了。
我们雅丹地貌地区也都是很多岩石。
我们火星上有大风暴，能刮起满天风沙。
雅丹地貌地区的风沙也很大，经常有沙尘暴。
火星和地球这么像，我要去探索火星，说不定真的有火星生命呢！

科拉超深钻孔，地球会被钻穿吗？

喂喂喂……
咦？没有声音？
科拉超深钻孔
禁止乱扔杂物！
什么？什么钻孔？
科拉超深钻孔已挖到12262米深，新的世界纪录诞生！

竟然有一万两千多米深！这是我遇到过的最深的钻孔了。

这么深的井挖来干什么？水井？石油井？

科拉超深钻孔 原来是你!

科拉超深钻孔，是苏联的一个科学项目。科学家计划钻到地下深处，探索更多关于地球内部的秘密。

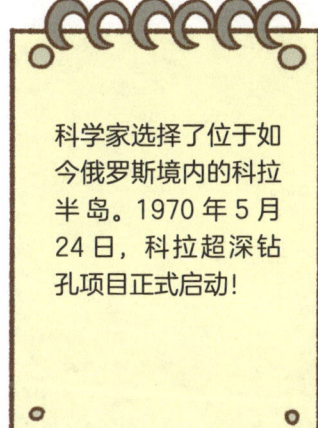

原来他们是想知道地底下长什么样子。

科学家选择了位于如今俄罗斯境内的科拉半岛。1970年5月24日，科拉超深钻孔项目正式启动!

科拉半岛

既然要探秘地下，我也来试试，说不定还能挖到宝贝呢！
土豆逗发明之宇宙超级无敌盾构机！能挖穿一切松软的土层和坚硬的岩石。
微生物化石
6000米
钻探工作一开始非常顺利，很快就钻到了地下约 6000 米深。在这里，发现了约 20 亿年前的微生物化石。

20亿年前

20亿年前的地球上，到处都是汪洋大海。

唯一的生命就是这些生活在海洋里的微生物。

经过亿万年的地壳运动，海洋变成了陆地。

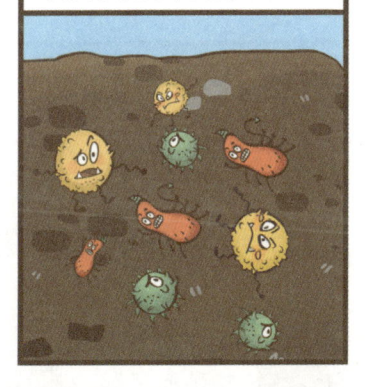

微生物也变成了化石。

原来地下藏着史前的秘密呢！

钻探工作继续进行，钻到地下约9000米深的时候，发现了富含黄金的岩石层。

9000米

黄金？等等，等等，我们暂停一下！

金子金子，快到包里来！

此时，长长的钻杆已重达 200 吨，原来的普通钻头已经钻不动了，钻杆也拧断了好几次。于是科学家研制出不依赖地面的马达，能够自动旋转的牙轮钻头。

牙轮钻头

当它钻到地下约 12000 米时，科拉超深钻孔已经钻了约 13 年。接下来，又钻了约 10 年，往下前进了约 262 米。

钻地有风险，小伙变老头。

怎么越来越慢了？平均一年只钻约 26 米！是不是工人偷懒了？

12000米

12262米

越往地球深处，温度越高。

唔……这里……好热！我感觉自己快被烤熟了！

咦？我的机器好像也慢下来了。怎么回事？

在地下约12000米，温度已超过200℃，钻头很快被软化，不能再用。每钻一会儿就得从一万多米的深度回到地面更换钻头，这么一来一回，速度自然就慢了！

还好我的盾构机经受住了考验。

越往下钻，困难就越大。1994年，俄罗斯叫停了挖掘，科拉超深钻孔的深度也就停在了12262米。

啊？他们停啦？我可不要停！不是说下面还有更多宝贝吗？我要继续，把地球挖穿！

127

如果把地球挖穿

地球的最外层是地壳，地壳的平均厚度约为17千米，由岩石组成。

地壳（厚度）约17千米
1千米=1000米

地壳
12262米

科拉超深钻孔的深度为12262米，连地壳都没钻透。

如果地球是一个苹果，那么科拉超深钻孔其实连苹果皮都还没钻透呀！

我不管，我要当钻透苹果的大青虫！

哇，成功啦！

钻呀钻，钻呀钻，地下的宝贝等着我……

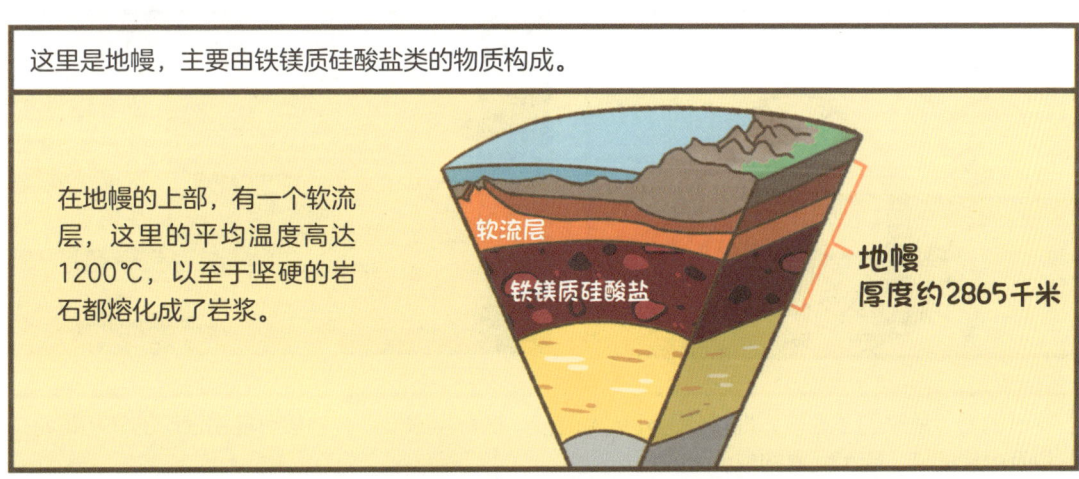

咦，这是哪儿？看起来和上面不一样！

这里是地幔，主要由铁镁质硅酸盐类的物质构成。

在地幔的上部，有一个软流层，这里的平均温度高达1200℃，以至于坚硬的岩石都熔化成了岩浆。

软流层

铁镁质硅酸盐

地幔
厚度约2865千米

啊，原来火山喷发的岩浆是从这里来的！

在极高的温度和压力下，矿物质形成了亮晶晶的结晶，就是人们常说的宝石。

硅酸盐　镁　镁　硅酸盐

啊啊啊！我从来没见过这么多宝石！！

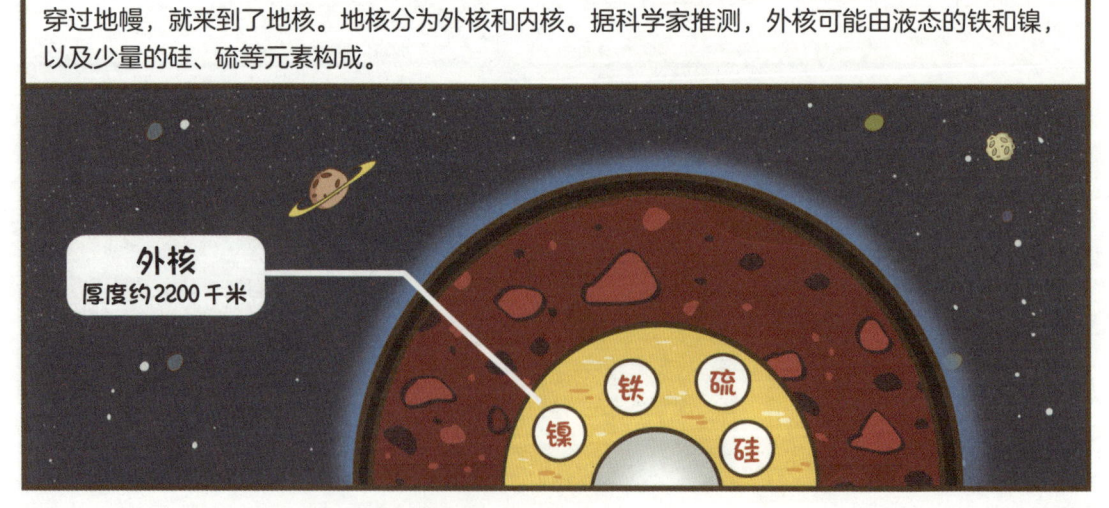

这个奇怪的机器，难道是要带我们出去？

哇，终于等到这一天了！

红宝石

橄榄石

钻石

我的朋友们上次可是跟着火山喷发上去的。

哇哇哇，我要发财啦！

让我继续前进——啊，下面怎么全是液体？

2900千米

穿过地幔，就来到了地核。地核分为外核和内核。据科学家推测，外核可能由液态的铁和镍，以及少量的硅、硫等元素构成。

外核
厚度约2200千米

镍 铁 硫 硅

130

外核的温度约5000℃，因此铁和镍都熔化成了滚烫的铁水和镍水。

终于不用使劲钻啦，潜行更省力！

铁水、镍水在地球内部翻滚流动，就产生了地磁场。

等等！地磁场是什么？

把地球想象成一块大磁铁，其中一头是N极，另一头就是S极。

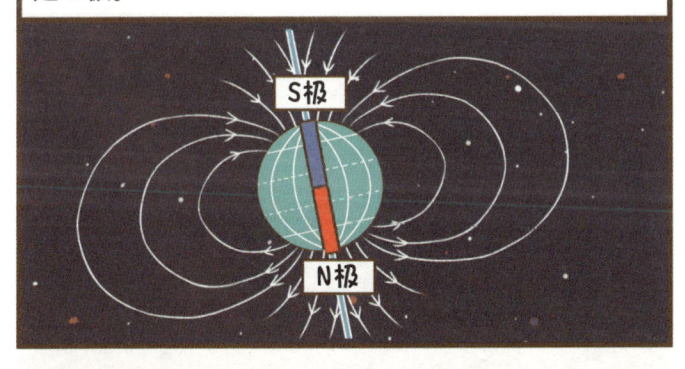

那……地磁场有什么作用？

地磁场的作用很多。

指南针就是利用地磁场来指引方向。候鸟、海龟等迁徙动物依靠地磁场来找到自己的目的地。人们还可以利用地磁场来探测矿藏。

最最重要的是，地磁场能让来自太阳和宇宙的高能辐射偏转方向，不直射到地球上，保持大气层的稳定。

地球深处的铁水和镍水保护了地球上的我们，真神奇！

潜行是挺快的。呀！什么东西这么硬？

5100千米

内核据科学家推测主要由铁、镍等金属元素构成，温度高达6000℃，加上巨大的压力，内核成了超离子态。

这里是地球的最中心——内核。

内核
半径约1250千米

嘿嘿，没有什么能难倒我土豆逗！更换超强钻头！

把地球挖穿！

土豆逗 嘻哈剧场

人类**探索**地球，在**科拉半岛**打个洞，12262米不够深，**地壳**还没钻透。

穿过地壳是**地幔**，中间是高温的**地核**。

黄金、宝石和"铁水"，地下**奥秘**何其多！

脑洞轰炸！

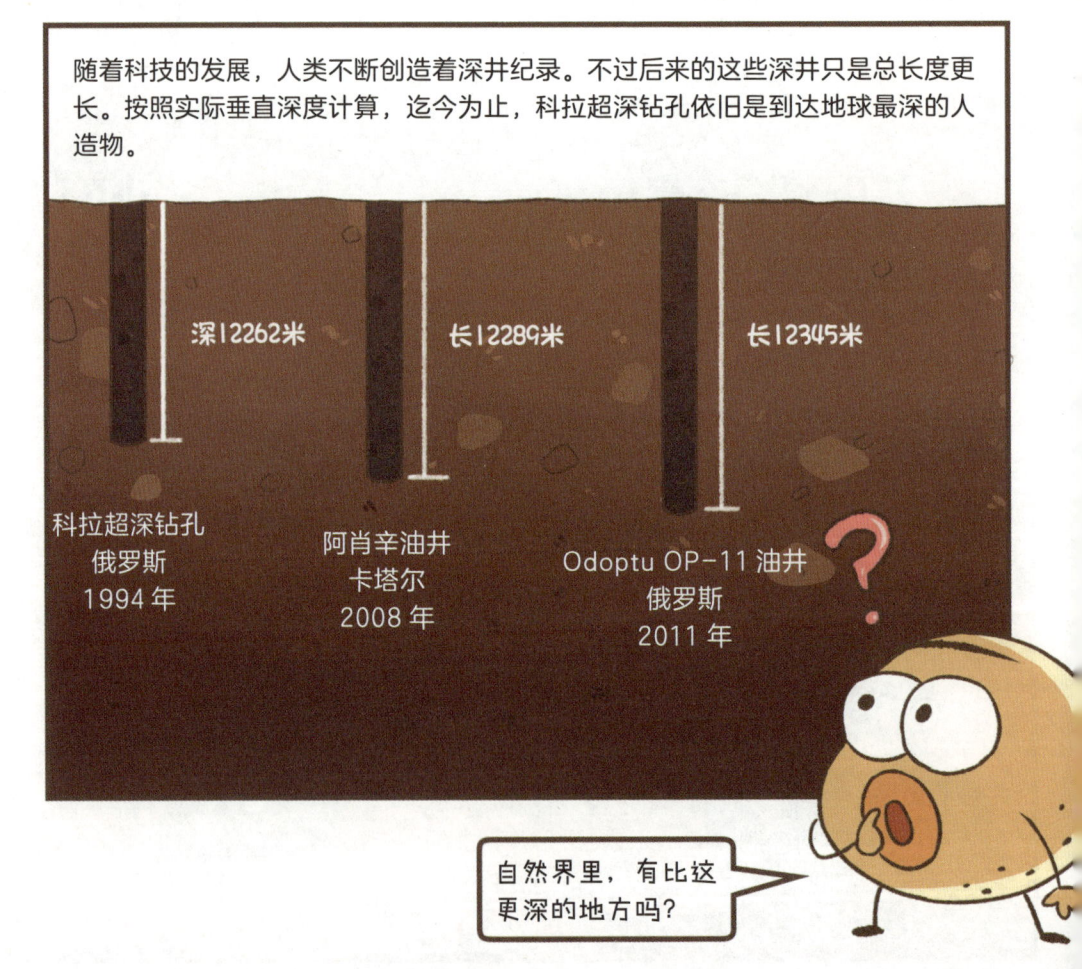

科拉超深钻孔是地球上最深的钻孔吗？

随着科技的发展，人类不断创造着深井纪录。不过后来的这些深井只是总长度更长。按照实际垂直深度计算，迄今为止，科拉超深钻孔依旧是到达地球最深的人造物。

深12262米 — 科拉超深钻孔 俄罗斯 1994年

长12289米 — 阿肖辛油井 卡塔尔 2008年

长12345米 — Odoptu OP-11油井 俄罗斯 2011年

自然界里，有比这更深的地方吗？

目前发现的最深的陆地自然洞穴是位于格鲁吉亚的**库鲁伯亚拉洞穴**。它有许多分支的小洞穴，并且随着地下水的侵蚀，还在不断加深。

2197米

地球表面已知最深的地方，在海洋里——**马里亚纳海沟**，位于太平洋西部。

11034米

这只是人类目前已知的信息。随着科技的进步，或许会有更多世界纪录被刷新。

探索地球，永无止境！

只需15步，画出土豆逗！

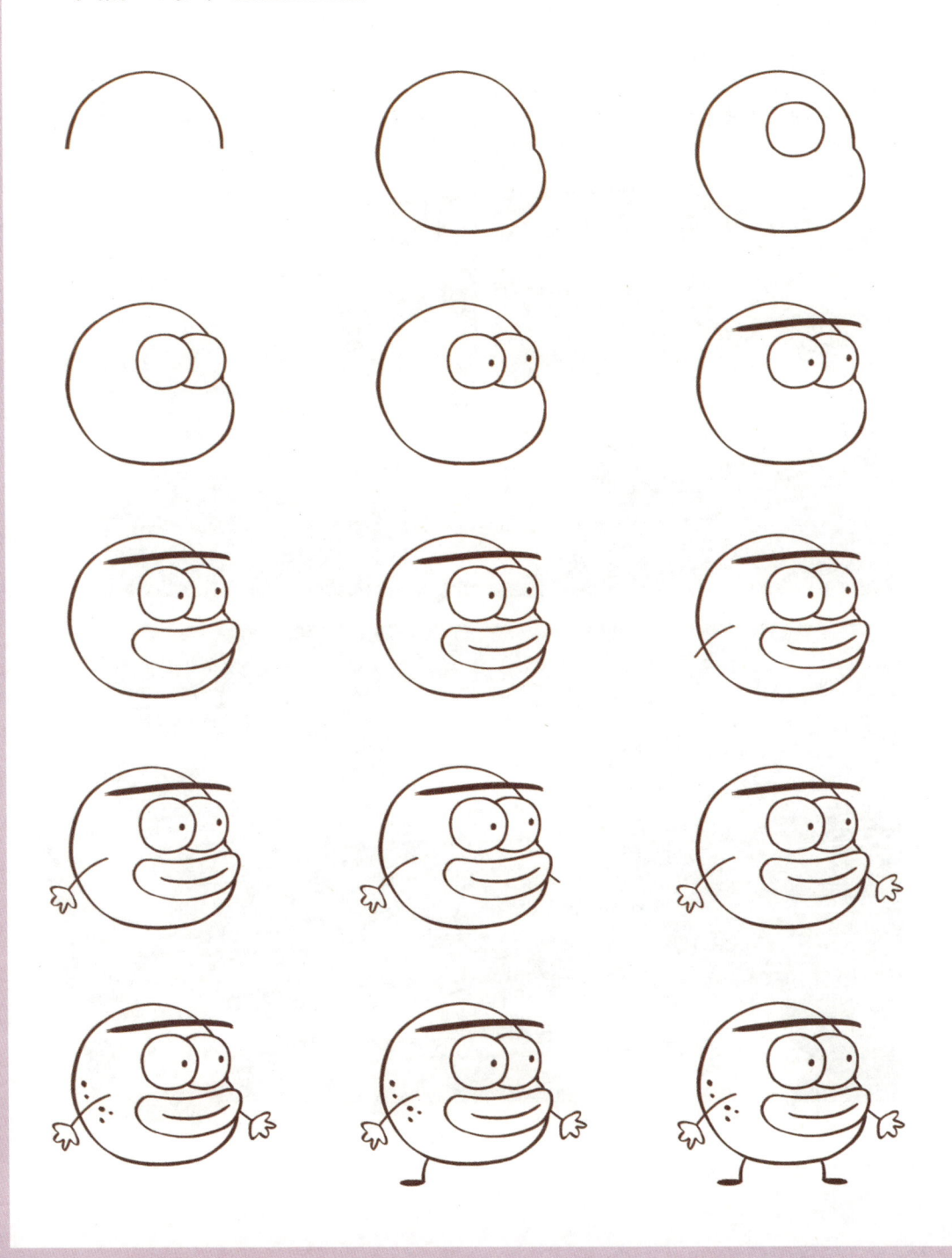

你还可以给土豆逗画上不同表情哟!

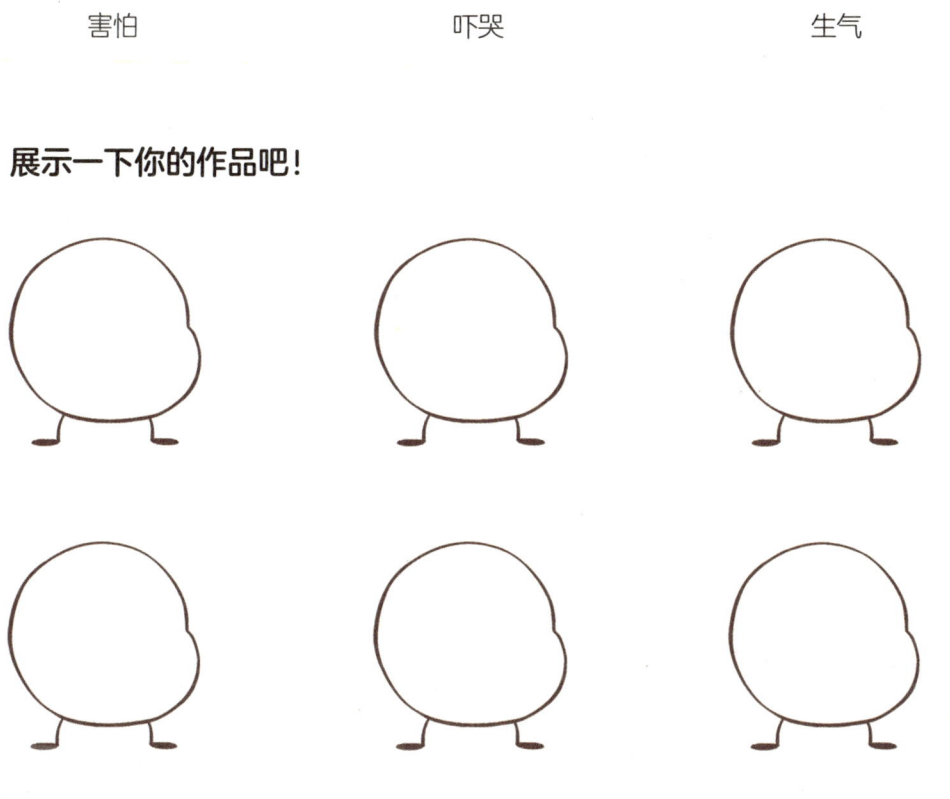

流泪　　　　　　　　疑问　　　　　　　　惊讶

害怕　　　　　　　　吓哭　　　　　　　　生气

展示一下你的作品吧!

一园青菜 好奇万岁

一园青菜是中图（CNPIEC）旗下儿童科普内容品牌
由中图新阅读（大连）有限公司全权运营
致力于用故事的力量驱动科学启蒙

《科学就是这么逗·地球神秘事件》

策划人：赵蓉
图书策划：胡媛媛
文：张一　胡媛媛　赵蓉
美术总监：吕莹
图：朱振邦
视觉：周玉雯　孟羊羊

出品人：陈庆一
总编辑：张子健
发行总监：吴丹

审读专家：
孙若愚　天津大学地球系统科学学院　教授
　　　　法国科学院图卢兹地球环境研究所　博士